Die 100 besten Reparatur- und Heimwerker-Tipps

Schnelle Lösungen, die viel Geld sparen

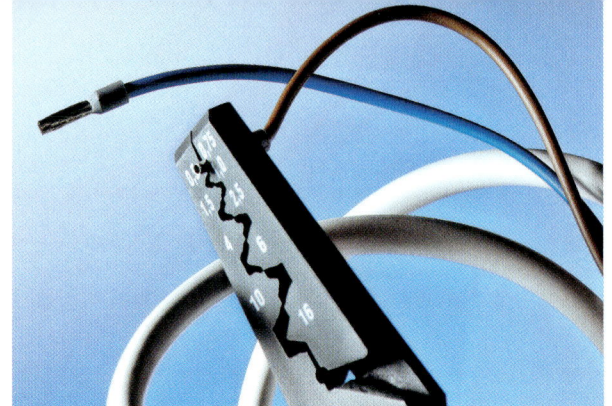

Praktische Hilfe

Nützliche Tipps, wie sich unterschiedliche Werkstoffe
im Haushalt leicht reparieren lassen

1 Einfach so viel von der Reparaturmasse wie benötigt aus dem Behälter herausdrücken

2 Mit der integrierten Zange kann die gewünschte Menge abgeschnitten werden

3 Nun wird die Masse geknetet, bis sie nicht mehr marmoriert, sondern völlig weiß ist

4 Danach sollte das Material zügig verarbeitet werden. Vollkommen aushärten lassen

5-Minuten-Reparaturmasse

TIPP 1

Diese praktische Reparaturmasse wird in Baumärkten angeboten. Mit ihr lassen sich Löcher und fehlerhafte Stellen in Holz, Metall, Keramik, Kunststoff, Glas, Beton oder Ziegelmauerwerk ausbessern bzw. verschiedene Materialien miteinander verbinden.

Die Knetmasse ist einfach zu verarbeiten und nach etwa zwei Stunden komplett ausgehärtet. Danach kann sie problemlos geschliffen oder überstrichen werden. Selbst Bohrungen sind an der Reparaturstelle möglich.

Leder und Co. reparieren

TIPP
2

Die Anwendungsmöglichkeiten für dieses spezielle Leder-Reparatur-Set sind vielfältig: Ein Loch in der Ledercouch oder im Vinylstuhlpolster, im Autositz oder in der Lederhose. Zu diesem Set gehören Spezialkleber, die farbige Reparaturmasse mit Mischtopf, eine Mischtabelle, Strukturpapier, Transferstempel, Füllstoff, Spatel und – weil Übung den Meister macht – ein Probestück. Wird

richtig gearbeitet, kann die reparierte Stelle kaum von der Umgebung unterschieden werden. Das Verfahren funktioniert mit Hitze, die mit einem Bügeleisen erzeugt werden kann. Solche Sets werden von Firmen angeboten, die auf die Reparatur von in Fahrzeugen üblichen Materialien wie Kunstleder, Stoff und Leder spezialisiert sind.

1 Solch ein tiefes Loch in dickem Leder inklusive Beschädigung der Polsterung wird zunächst mit ausreichend Baumwolle ausgefüllt

2 Die Reparaturmasse wird danach laut Tabellenangaben in den beiliegenden Töpfen gemischt. Bei Bedarf kann sie eingefärbt werden

3 Die fertig gemischte Reparaturmasse wird nun mit dem beigefügten Spatel sparsam auf der gesamten Reparaturstelle verstrichen

4 Schließlich wird die gewünschte Lederstruktur mit dem erhitzten Transferstempel aufgedrückt, wodurch die Masse komplett aushärtet

1 Er ist geeignet für das Ausfüllen von Bohrungen in Metall: Der „Stahl aus der Tube" lässt sich wie Glasfaserspachtel verarbeiten

2 Zwei Komponenten bilden die Grundlage der Reparaturmasse, die vor dem Auftrag miteinander vermischt werden müssen

3 Das aufgetragene Epoxidharz glänzt durch eine gelungene Metalloptik und gute Abriebfestigkeit – rostfrei ist es obendrein

Risse in Metall ausfüllen

TIPP
3

Der „Stahl, der quasi aus der Tube kommt", ist ein leicht zu verarbeitendes Zweikomponenten-Epoxidharz. Beim Ausfüllen von kleinen Rissen und Bohrungen in Metall erfüllt diese Reparaturmasse gute Dienste. Sie wird wie üblicher Glasfaserspachtel verarbeitet. Nach dem Aushärten lässt sich das praktische Mittel problemlos schleifen.

Die reparierte Stelle sieht dann fast so aus wie eine „natürliche" Eisenoberfläche. Das Zweikomponenten-Epoxidharz mit Metalloptik punktet mit einer relativ hohen Abriebfestigkeit. Geht es jedoch um die Stabilität, sollte man das Harz nicht mit echtem Metall vergleichen.

Arbeitsplatten verbinden

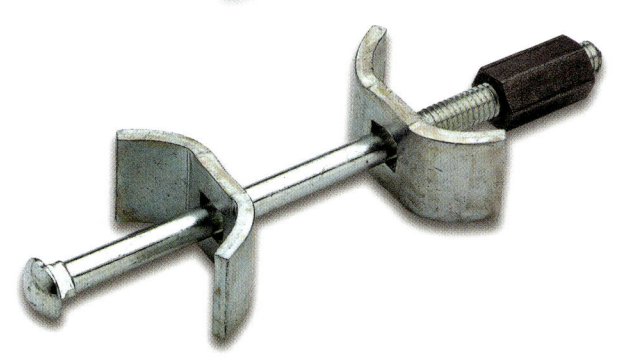

TIPP
4

Wenn Sie eine neue Küche selbst montieren, sind oft Verbindungen von Arbeitsplatten erforderlich. Mit den richtigen Verbindungsbeschlägen und einer farblich zur Arbeitsplatte passenden Eckverbindungsschiene gehen Ihnen Übereck-Verbindungen ganz leicht von der Hand, wie die Bilder unten zeigen.

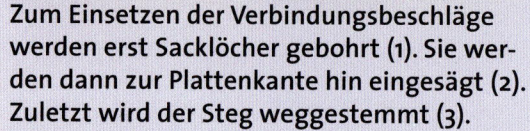

Zum Einsetzen der Verbindungsbeschläge werden erst Sacklöcher gebohrt (1). Sie werden dann zur Plattenkante hin eingesägt (2). Zuletzt wird der Steg weggestemmt (3).

Dieses Arbeitsplatten-Eckprofil aus Aluminium schafft einen sauberen Übergang

Möbel

Risse, Kratzer oder Weinflecken – Möbel weisen schnell Gebrauchs-
spuren auf, die jedoch gut ausgebessert werden können

Umleimer für die Arbeitsplatte

Wird die Arbeitsplatte ausgetauscht, muss auch der Umleimer an den Schnittkanten fachgerecht erneuert werden.

1 Umleimer für Küchenarbeitsplatten gibt es passend zum jeweiligen Dekor. Sie sind jedoch meist nicht mit Kleber beschichtet. Deshalb wird zuerst mit einem Spachtel Kontaktkleber auf beide Klebeflächen aufgebracht. Den Kleber danach erst einmal ablüften lassen.

2 Erst wenn die Klebefläche nicht mehr klebrig ist, wird der Umleimer aufgeklebt. Mit dem Hammer und einem Klotz gründlich anpressen.

3 Die seitlichen Überstände werden mit einem Beitel entfernt.

4 Die Kantenüberstände vorn und hinten werden ebenfalls mit einem Beitel abgenommen. Danach die Schnittkanten mit Schleifklotz und Schleifpapier glätten.

Umleimer erneuern

Umleimer halten mit Schmelzkleber, der auch nach Jahren problemlos mit Hitze ablösbar ist. Wichtig ist allerdings, dass beim Ablösen wie auch beim Aufbügeln ein Küchenhandtuch untergelegt wird. Das schützt sowohl die Gleitfläche des Bügeleisens als auch die Oberfläche des Umleimers. Nachdem der alte Umleimer mit einem Bügeleisen erwärmt wurde, kann er vorsichtig von der Kante abgezogen werden. Den Untergrund sollte man gründlich von Kleberresten befreien. Den neuen Umleimer mit gleich hoher Temperatur aufbügeln, möglichst mit der heißen Baumwoll-Einstellung. Dabei wird in gleichmäßigen Zügen mit dem Bügeleisen über die ganze Länge der Kante gearbeitet. Solange der Umleimer noch warm ist, muss er mit einem Klotz gut angedrückt werden – ideal ist ein Schleifklotz aus Kork. Die überstehenden Kanten können erst entfernt werden, wenn das Material kalt geworden ist. Ungeübte sind mit einem Kantenschneider gut ausgerüstet, geübte Heimwerker benutzen entweder eine Feile oder besser den Stechbeitel für das Entfernen der seitlichen Überstände. Für das Schleifen und Brechen der Kanten greift man zum Schleifklotz und zu feinem Schleifpapier (mindestens 180er-Körnung). Danach ist von der Kantenreparatur nichts mehr zu sehen.

TIPP 6

1

Hier hat ein scharfkantiger Gegenstand die Regalkante gehörig verletzt. Mit der Reparatur des Umleimers wird das Regal jedoch wie neu

2

Der beschädigte Umleimer wird mit dem Bügeleisen mit der höchsten Einstellung gründlich erhitzt und von der Regalkante abgezogen

3

Sowohl beim Ablösen des alten wie beim Aufbügeln des neuen Umleimers zum Schutz ein Handtuch unter das Bügeleisen legen

4 Der neue Umleimer wird zum Anpassen trocken auf die Regalkante gelegt und mit einem großzügigen Überstand abgelängt

5 Daraufhin wird der neue Umleimer aufgebügelt. Dabei in großen Zügen mit dem Bügeleisen über die ganze Länge der Kante arbeiten

6 Mit einem Schleifklotz aus Kork wird der Umleimer so lange sorgfältig angedrückt, bis der Schmelzkleber vollständig erkaltet ist

7 Nach dem Erkalten werden die beiden Enden des neuen Umleimers mit einem Beitel auf die exakte Kantenlänge des Regalbretts gebracht

8 Auch die seitlichen Überstände kann man mit dem Beitel entfernen – bequemer geht es allerdings mit einem solchen Kantenschneider

9 Schließlich werden sämtliche Schnittkanten mit feinem Schleifpapier und Schleifklotz noch einmal sorgfältig nachgearbeitet

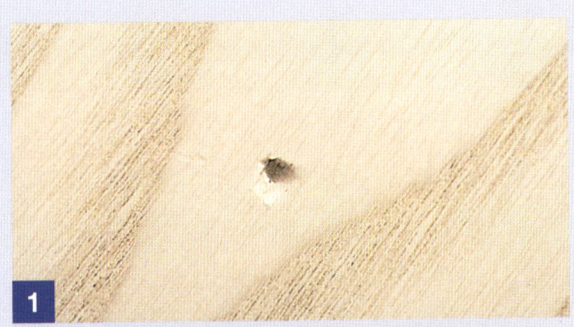

1 Die beschädigte Stelle wird erst mit Wasser angefeuchtet – durch das aufquellende Holz können kleine Dellen direkt verschwinden

2 Zum Anfeuchten eignet sich gut ein kleiner Pinsel oder ein Schwamm. Größere Löcher müssen mit einer Holzpaste gefüllt werden

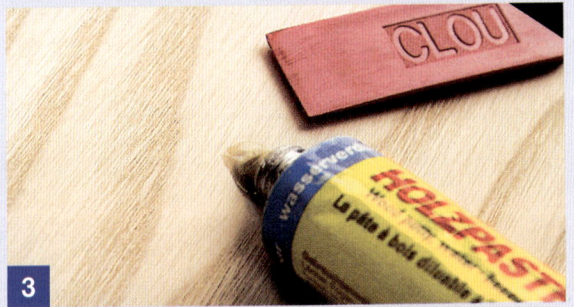

3 Je nach Größe das Loch mit Holzpaste in passender Farbe in mehreren Arbeitsschritten füllen. Paste zwischendurch gut trocknen lassen

4 Die ausgebesserte Stelle wird anschließend geglättet, auf Wunsch auch gebeizt, erst danach wird das Holzstück endbehandelt

Vertiefungen und Kratzer in rohem Holz

TIPP 7

Unschöne Stellen in rohem Holz wie Dellen, angeschlagene Kanten und Riefen lassen sich mit einfachen Mitteln ausbessern. Bei kleinen Schäden genügt dazu einfach Wasser, denn durch die Benetzung quillt das feuchte Holz auf und gewinnt dadurch an Volumen. Natürlich ist dieser Effekt begrenzt, sollte aber durch eine erneute Wasserbehandlung zunächst ausgereizt werden. Dann noch verbleibende Löcher oder Fehlstellen können nach dem Trocknen mit Holzkitt oder Holzpaste gefüllt werden. Das Material gibt es in vielen Holztönen, sodass die Reparaturstelle später kaum sichtbar sein wird. Nach dem vollständigen Abtrocknen der Reparaturstelle wird das Holzstück vorsichtig mit einem Schleifpad oder feinem Schleifpapier geglättet und zusammen mit der gesamten Holzfläche endbehandelt.

Scheuerstellen entfernen

1

Oberflächlicher Schmutz auf der Scheuerstelle muss vor der Behandlung mit Hartöl mit einem Schleifvlies entfernt werden

Scheuerstellen auf hellen und geölten Holzoberflächen rücken Sie am besten mit Hartöl, Schwamm und Leinentuch zu Leibe. Verunreinigungen auf der beschädigten Stelle sind vor der Behandlung mit Hartöl zu entfernen – mit einem Schleifvlies und immer in der Richtung, in der die Fasern des Holzes verlaufen. Die Schadstelle wird dann mit Hartöl getränkt. Überschüssiges Öl lässt sich mit einem Leinentuch entfernen.

2

Dabei immer in Faserrichtung schleifen. Hartöl wird auf ein Leinentuch gegeben, die beschädigte Stelle im Holz getränkt

Äste ausbohren

Nicht immer erhält man vollkommen astfreies Holz – oder man nimmt einige wenige Äste wegen des günstigen Preises in Kauf. Mit den störenden Strukturfehlern muss man sich jedoch nicht abfinden. In Baumärkten erhält man Querholzdübel in verschiedenen Holzarten, die im Durchmesser gängigen Bohrerformaten entsprechen. So können die störenden Äste mit einem Forstnerbohrer herausgeschnitten und an dieser Stelle kann ein passender Holzdübel eingeleimt werden.

3

Für ein ansprechendes Ergebnis sollte das Öl fünf bis sechs Minuten einziehen. Den Überschuss daraufhin sorgfältig abnehmen

Feine Kratzer in der Lackschicht

Angekratzte Oberflächen, die mit Nitrolack oder Schellack behandelt sind, bekommen mit der richtigen Möbelpolitur ihren vollen Glanz zurück. Das Pflegemittel dabei stets dünn in Holzfaserrichtung auftragen.

Solche feinen Kratzer im Lack können mit einer speziellen Möbelpolitur entfernt werden

1

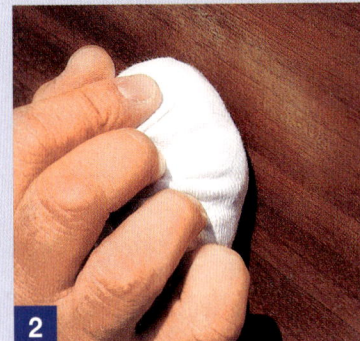

Nach dem Auftrag mit einem weichen Tuch nachreiben, bis die Lackschicht wieder glänzt

2

Flecken auf lackiertem Holz

Spezielle Pflegemittel für die Behandlung von Graudurchschlägen und Flecken eignen sich nicht für rohe oder stark abgegriffene, offenporige Holzoberflächen wie z. B. helle Eiche. Auf ausreichende Lüftung achten.

Flecken und Graudurchschläge auf lackierten Oberflächen werden in Richtung ...

1

... der Maserung mit dem Pflegemittel behandelt, danach mit weichem Tuch polieren

2

Weinflecken entfernen

Ein Weinfleck auf einem Glastisch lässt sich einfach wegwischen – auf geöltem Holz muss man zu Hartöl, Schleifkissen, Schwamm und Leinentuch greifen. Dann wird man mit ihm aber auch fertig: Den unschönen Fleck in Holzmaserrichtung aus dem Holz schleifen und die abgeschliffene Stelle dann satt mit Hartöl tränken. Das Öl fünf bis sechs Minuten einziehen lassen und dann den Überschuss abwischen.

Der unschöne Weinfleck auf dem geölten Möbelstück wird vollständig aus dem Holz mit dem Schleifkissen herausgeschliffen

In Holzmaserrichtung arbeiten. Daraufhin wird die Stelle satt mit Hartöl behandelt. Der Auftrag erfolgt mit einem Lappen

Nach kurzer Zeit Überschuss abnehmen. Wer mit dem Ergebnis nicht zufrieden ist, kann den Vorgang problemlos wiederholen

Schleifband reinigen

Schleifpapier für Band- und Tellerschleifer setzt sich schnell mit Holzstaub zu. Die Lebensdauer des Papiers kann verlängert werden, wenn es vom Schleifstaub befreit wird, z. B. mit Reinigungssteinen aus Kunststoff. Eine preiswerte Alternative ist eine große PE-Einkaufs- oder Mülltüte, die zu einem Knäuel geformt und mit Kreppband umwickelt wird. Die Tüte wird vorsichtig an das laufende Gerät geführt. Der Schleifstaub wird abgetragen, und das Papier ist wieder sauber.

Große Risse auffüllen

Massivholzmöbel reagieren auf vielfältige äußere Einflüsse. Am häufigsten macht dem Holz zu hohe oder zu niedrige Luftfeuchtigkeit zu schaffen. Dabei wird ein Prozess des Quellens und Schwindens in Gang gesetzt, der umgangssprachlich als „Arbeiten" bezeichnet wird. Das führt häufig zur Bildung von Rissen oder einem Verziehen des Holzes. Sind tatsächlich Risse im Möbelstück entstanden, können Sie diese mit Reparaturspachtel (bei kleinen Rissen) oder mit schmalen Holzstücken (bei großen Rissen) schließen. Vermeiden kann man solche Holzverletzungen, indem man Möbel der optimalen Luftfeuchtigkeit aussetzt. Sie beträgt für Holz 45 bis 60 %.

TIPP
14

1 Messen Sie zuerst exakt die Rissdicke aus. Beachten Sie dabei, dass der Riss in seinem Verlauf unterschiedlich breit sein kann

2 Daraufhin werden aus Holzleisten mehrere passende, je nach Bedarf verschieden starke Füllstücke in Keilform angefertigt

3 Die Hölzer werden nun mit Holzleim in die Risse gesetzt und mit dem Hammer vorsichtig eingeschlagen. Leimüberschuss abwischen

4 Für die noch sichtbaren Lücken verwenden Sie eine Holzpaste in passender Farbe des Möbelstücks, die mit dem Spachtel aufgetragen wird

Grundkurs Stuhlreparatur

TIPP
15

Einen Stuhl zu reparieren, der das gesamte Gewicht eines ausgewachsenen Menschen tragen soll, flößt Respekt ein. Die Vorstellung, bei unsachgemäßer Bearbeitung damit unverhofft und schmerzhaft zu Boden zu gehen, ist auch durchaus unangenehm. Aber mit dem richtigen Werkzeug und moderner Klebertechnologie ist es kein Problem, auch umfangreichere Reparaturen nachhaltig und sicher auszuführen.

Alten Leim und lose Teile gründlich entfernen

Wichtig für dauerhafte Leimverbindungen ist neben einwandfreien Klebeflächen das Pressen, bis der Leim trocken ist. Es reicht nicht, Leim in Ritzen oder Fugen zu füllen. Alter Leim und lose Teile müssen sorgfältig entfernt werden. Dazu müssen lockere Verbindungen vollständig gelöst werden. Hilfreich dabei: Einhandzwingen, die Sie, wie in Bild 2 gezeigt, von „Spannen" auf „Drücken" umstellen können. Dazu den Zwingenkopf aus seiner Position am Schienenende lösen und am anderen Ende wieder befestigen. Ein weiterer Vorteil: Sie besitzen gummierte Schonbacken, die die üblichen Zulagen überflüssig machen.
Beim Trennen lockerer Zargenecken-Verbinder mit dem Beitel ist Kraft nötig. Daher legen Sie möglichst ein Stück Pappe auf die Arbeitsfläche, um Kratzer im Lack des Stuhls sicher zu vermeiden.
Nützlich für die Arbeit ist ein Tisch mit teilbarer Platte, deren Teile ebenfalls als Spannbacken genutzt werden können. Einige

Auf dem Prüfstand: An den Zargenverbindungen treten zum Beispiel bei starker Belastung der Rückenlehne oder beim beliebten „Kippeln" nach hinten oder vorn erhebliche Hebelkräfte auf. Ergebnis: Der Stuhl beginnt allmählich zu wackeln, was nicht ungefährlich ist

1 Alle Teile des Stuhls haben ihre genaue Position. Daher sollten sie vor der weiteren Demontage eindeutig beschriftet werden

2 Mehrere Einhandzwingen werden auf „Auseinanderdrücken" umgestellt, um sämtliche Verbindungen auseinanderzustemmen

3 Sind wie hier Eckversteifungen vorhanden, werden sie mit dem breiten Beitel gelockert und ebenfalls aus der Verbindung getrennt

4 Gründliches Reinigen ist wichtig. Frischer Leim verbindet sich mit dem Holz nur, wenn der alte mit dem scharfen Beitel abgekratzt wurde

5 Abgebrochene oder brüchige Dübel müssen herausgebohrt werden. Die Dübellehre, die den Bohrer führt, genau positionieren

6 Gekürzte, glatte Rundstäbe taugen nicht als Dübel. Nur die Riffelung der Dübel garantiert, dass die Verleimung sicher ausfallen wird

7 Spalten und Fehlstellen werden mit Zweikomponenten-Klebespachtel geleimt. Nur wenig Harz und Härter im Verhältnis 1:2 anmischen

8 Der fertig gemischte Klebespachtel wird daraufhin in die Dübellöcher gegeben und an der Stirnseite der Zargen aufgetragen

9 Verleimt wird der Stuhl in drei Schritten: Zuerst die Rückenlehne, dann das Vorderteil, zum Schluss werden beide zusammengefügt

10 Dass Kleber austritt, ist durchaus wünschenswert. Am besten wischt man ihn direkt nach dem Spannen der Holzteile mit einem Tuch ab

11 Hier wird der dritte Verleimschritt gezeigt: Vorder- und Rückenteil des Stuhls werden mit den beiden Seitenzargen verbunden

12 Den Stuhl beim Verleimen auf eine ebene Fläche stellen und die Beine ausrichten. Nach dem Aushärten das Polster montieren

Modelle werden mittels Pedalen bewegt und bieten dadurch auch Raum zum Fixieren von Werkstücken (Bild 5).

Eine Dübellehre hilft beim passgenauen Bohren

Beim Dübelausbohren ist es wichtig, das alte Loch genau zu treffen. Sonst passt beim Zusammenbau das Gegenstück nicht. Beim Zielen hilft eine Dübellehre mit verstellbarem Anschlag, die obendrein den Bohrer führt. Zweikomponenten-Klebespachtel ersetzt an denjenigen Verbindungen den Holzleim, wo zugleich

Ritzen oder Fugen gefüllt werden müssen. Nach dem Aushärten lässt er sich wie gewachsenes Holz sägen, bohren, fräsen oder schleifen. Das Anmischen im Verhältnis 1:2 ist einfach: zwei Stränge Harz und einen Strang Härter verrühren und gleich verarbeiten. Sind Vorder- und Hinterbeine zusammengefügt, werden diese so ausgerichtet, dass alle den Boden berühren. Dazu reicht es schon, die Zwingen beim Ansetzen nur geringfügig zu verschieben.

Wachskitt repariert Risse unsichtbar

TIPP 16

Mit Wachskitt können kleine Kratzer und Risse auf Möbelstücken unsichtbar repariert werden. Das Material lässt sich am besten handwarm verarbeiten. Das Wachskitt wird mit der Spitze des Spachtels unter leichtem Druck eingebracht, danach glatt abgezogen. Wichtig ist dabei: Man sollte nur kleine Mengen von der Wachsstange abnehmen und sie direkt verarbeiten. Überschüssiges Wachs auf der reparierten Fläche kann mit einem weichen Lappen abgewischt werden. Auch die Werkzeuge sollten sofort nach der Benutzung gereinigt werden, weil sich das Wachskitt in kaltem Zustand schwieriger entfernen lässt. Nach dem Erkalten und Härten lässt sich die Stelle überstreichen.

Das Wachskitt lässt sich mit den Händen erwärmen. Nach dem Auftrag kann es mit dem Spachtel leicht geglättet werden

Schutz für Holzoberflächen

Geschmackssache: Werden nicht allzu stark vergraute Teakmöbel mit Holzöl behandelt, kehrt die natürliche rotbräunliche Holzfarbe zurück

1

Soll eine Lasur aufgebracht werden, muss die alte Oberflächenbeschichtung bis auf das blanke Holz abgetragen werden

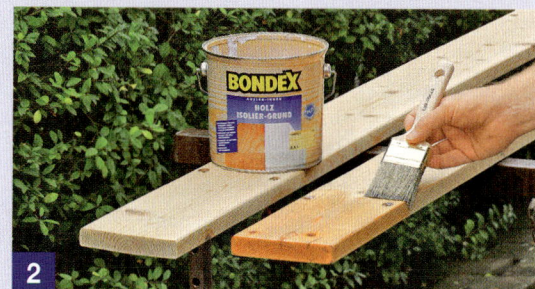

2

Auf das nun rohe Holz am besten zunächst eine Grundierung auftragen. Ein Isoliergrund schützt dabei später vor dem ...

3

... Durchschlag von verfärbenden Holzinhaltsstoffen. Schließlich wird das Holz mit einer farbigen Lasur behandelt

Gartentische, Sitzmöbel und andere Konstruktionen aus Holz verwittern mit der Zeit, wenn sie sich unter freiem Himmel befinden. Mit einer Oberflächenbehandlung lässt sich diese Verwitterung nicht vermeiden, aber aufhalten. Bei Harthölzern wie zum Beispiel Teak genügt häufig eine Behandlung mit Öl. Weichhölzer sollten hingegen lasiert werden, da die Lasur eine Schutzschicht über der Holzoberfläche ausbildet und nicht so leicht ausgewaschen werden kann.

Make-up für Gartenmöbel

1

Beim Erstanstrich das Holz von Harz befreien, anschleifen und entstauben. Nadelholz unbedingt mit Bläueschutz behandeln

2

Danach wird das geschliffene Holz mit einer für die Verwendung im Außenbereich geeigneten Grundierung gestrichen

3

Bei der Endlackierung werden Ecken und Kanten mit einem Rundpinsel vorgestrichen. Dann mit einem Flachpinsel arbeiten

Grundsätzlich gilt: Kein Anstrich kann Ihre Gartenmöbel auf Dauer sicher vor Bewitterung schützen. Aber Sie können sie regelmäßig inspizieren und eventuelle Beschädigungen sofort beseitigen. Dies ist gerade bei lackiertem Weichholz wichtig, da unter den Lack gedrungene Feuchtigkeit schlecht verdunsten kann, sich im Holz staut und dann zu Fäulnis führt. Nach dem Winterschlaf sollten Sie Ihre Gartenmöbel zunächst gründlich reinigen: mit der Bürste, auf gar keinen Fall mit dem Hochdruckreiniger! Mithilfe von Soda (in Drogeriemärkten erhältlich) oder Seifenlauge lassen sich Holzmöbel schonend und preiswert säubern. Angegriffene Lackoberflächen danach bis auf tragfähige Schichten abschleifen, gegebenenfalls grundieren und mit einem möglichst harten Lack (z. B. Bootslack) versiegeln. Achten Sie aber in jedem Fall darauf, dass der Ursprungsanstrich mit dem neuen Lack verträglich ist. Im Zweifelsfall an einer unauffälligen Stelle ausprobieren. Lasuroberflächen schleifen Sie an und streichen sie mit einer geeigneten pigmentierten Wetterschutzlasur.

Wände

Alles über das Ausbessern von Rissen und Löchern, Tricks zum
Tapezieren und frische Deko-Ideen für Ihre Wände

Oberflächenrisse mit Acryl schließen

Handelt es sich um einen oberflächlichen Putzriss, in dessen Umgebung der Putz fest an der Wand sitzt, kann er mit einem ...

... elastischen Fugenabdichtungsmittel verschlossen werden. Am besten wählen Sie Acryl, da dieser Dichtstoff später überstreichbar ist

Das Acryl wird mit einem Spachtel bündig zur Wand hin abgezogen. Damit dies glatt gelingt, muss der Spachtel vorher befeuchtet werden

Die frisch aufgetragene Acryldichtmasse kann auch mit einem Pinsel vorsichtig der umgebenden Putzstruktur angepasst werden

Wassereinbrüche

Wenn Wasser an Stellen austritt, an denen es das nicht soll, reicht es meistens nicht aus, einen Hahn zuzudrehen oder „Wasser, halt!" zu rufen. Es gibt im Baumarkt jedoch gebrauchsfertige Dichtmassen, die im Notfall Soforthilfe leisten: die Dichtmasse einfach auf die Leckstelle pressen und verreiben.

Solch ein Produkt hilft allerdings nicht bei Wasserrohrbrüchen, sondern nur bei drückendem Wasser von außen.

Fugen zwischen Fliesen erneuern

TIPP
21

1

Bevor man Fugen auskratzt und neu verfugt, legt man eine Folie aus, um die Umgebung sicher vor Staub und Mörtel zu schützen

2

Abdeckfolie gibt es mit integriertem Klebeband zu kaufen, was besonders praktisch ist und die Vorarbeiten sehr erleichtert

3

Daraufhin beginnt man, mit einem geeigneten Elektrowerkzeug, z. B. einem Dremel, die alten beschädigten Fugen auszukratzen

4

Gearbeitet wird dabei von oben nach unten, damit sich der alte Fugenmörtel nicht sofort wieder in den schon ausgekratzten Fugen ...

5

... ansammelt. Mörtelreste in den Fugen sind dagegen nicht zu vermeiden. Sie können mit einem Messer aus der Fuge entfernt werden

6

Sind sämtliche Fugen von altem Mörtel befreit, werden Staub- und Mörtelreste einfach gründlich mit dem Staubsauger abgesaugt

7 Nun wird nach Herstellerangaben der neue Fugenmörtel angerührt und mit einem Gummiwischer sorgfältig aufgetragen

8 Zusätzlich kann man den neuen Mörtel mit einem Schwammbrett einreiben. Die Überreste mit einem feuchten Schwamm abwischen

Putzschäden ausbessern

TIPP 22

Spachtelmassen auf Zementbasis sind feuchtigkeitsresistent und härten beim Kontakt mit Wasser weiter aus. Sie eignen sich für innen und außen. Gips ist nicht nässebeständig und sollte deshalb nur im trockenen Innenbereich verwendet werden. Produkte auf Kunstharz-Basis sind zwar teurer, aber sofort gebrauchsfertig. Beim Kauf unbedingt auf die offene Zeit des Produkts achten – das ist die Zeitspanne, die nach dem Anrühren zum Auftrag des Materials bleibt. Man sollte nur so viel Material anrühren, wie man auch tatsächlich in dieser Zeit verarbeiten kann. Bei der Verwendung von Spachtelmassen auf Gipsbasis basiert die Aushärtung auf Wasserabgabe (Verdunstung) – deshalb können dicker aufgetragene Materialschichten schwinden und müssen dann eventuell erneut behandelt werden. Gipsspachtelmassen sollten nur mit sauberem Werkzeug verarbeitet werden.

1 Das preiswerte Pulver wird nur mit Wasser angemischt und kräftig durchgerührt – die Spachtelmasse ist fertig für den Gebrauch

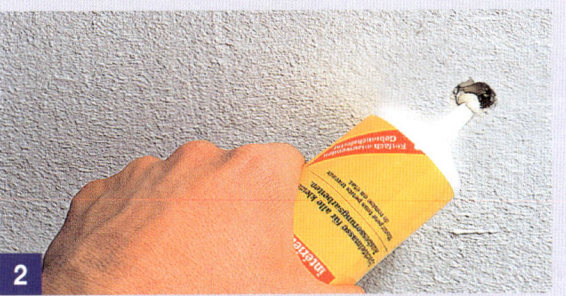

2 Etwas teurer, aber auch praktischer ist das gebrauchsfertige Produkt aus der Tube. Die Tube unbedingt sehr gut verschließen!

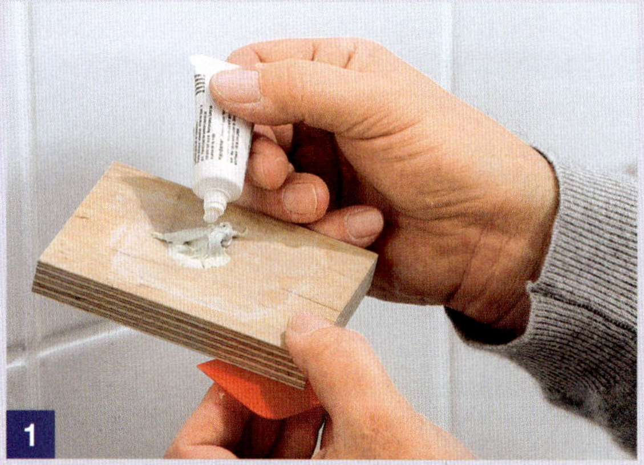

1
Die Spachtelmasse wird auf ein Brettchen gedrückt und mit dem Härter verrührt

2
Die Masse wird mit einem kleinen Spachtel eingedrückt und dann leicht abgezogen

3
Nach etwa 30 Minuten die ausgehärtete Oberfläche mit Schleifpapier glätten

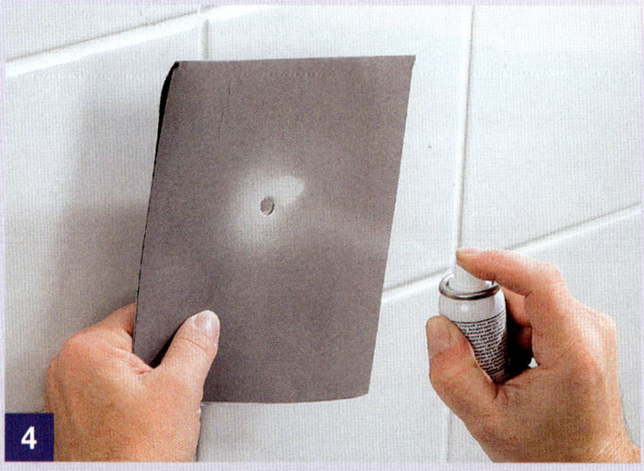

4
Damit keine Farbe auf die Fugen gerät, wird mit einer Schablone gearbeitet

Reparatur mit Spachtelmasse

TIPP
23

Bevor schadhafte Stellen in Keramik oder Stahl-Emaille mit Spachtelmasse ausgebessert werden, empfiehlt sich eine gründliche Reinigung des Untergrundes. Die Reparaturmasse besteht aus zwei Komponenten: Spachtelmasse und Härter, die im Verhältnis 20:1 angemischt werden sollten. Nach dem Auftragen wird ungefähr 30 Minuten gewartet, bevor die reparierte Stelle mit Schleifpapier geglättet und im passenden Farbton lackiert werden kann.

Putz auf Fliesen

TIPP 24

Um ein altes unansehnliches Bad zu erneuern, muss es nicht mehr gefliest werden. Es gibt Putzsysteme, die es ermöglichen, alte Fliesen direkt zu beschichten und eine mediterrane Stimmung ins Badezimmer zu zaubern, sogar im Spritzwasserbereich. Durch eine lösemittelfreie Kunstharzversiegelung erhält man eine dauerhaft wasserfeste Fläche. Der Deckspachtel lässt sich problemlos auf grundierte Fliesen auftragen, strukturieren und einfärben.

1 Als Grundierung wird zuerst ein spezieller Haftgrund mit dem Pinsel aufgetragen. Nach der Trocknung wird die Spachtelmasse ...

2 ... mit einer Kelle aufgezogen. Der Spachtel wird ganz nach Wunsch entweder glatt gestrichen oder individuell mit Strukturen versehen

3 Nach dem Trocknungsprozess erfolgt ein Grundanstrich. Er soll einer späteren Vergilbung der Wandflächen entgegenwirken

4 Ist auch dieser Anstrich getrocknet, wird der gewünschte Lasur-Farbton in Wischtechnik aufgetragen. Wiederum trocknen lassen

TIPP 25

Grundkurs Farbige Streichputze

Streichputze sind für diejenigen das Mittel der Wahl, die sowohl Wände mit Struktur wie eine einfache Handhabung des Materials schätzen.

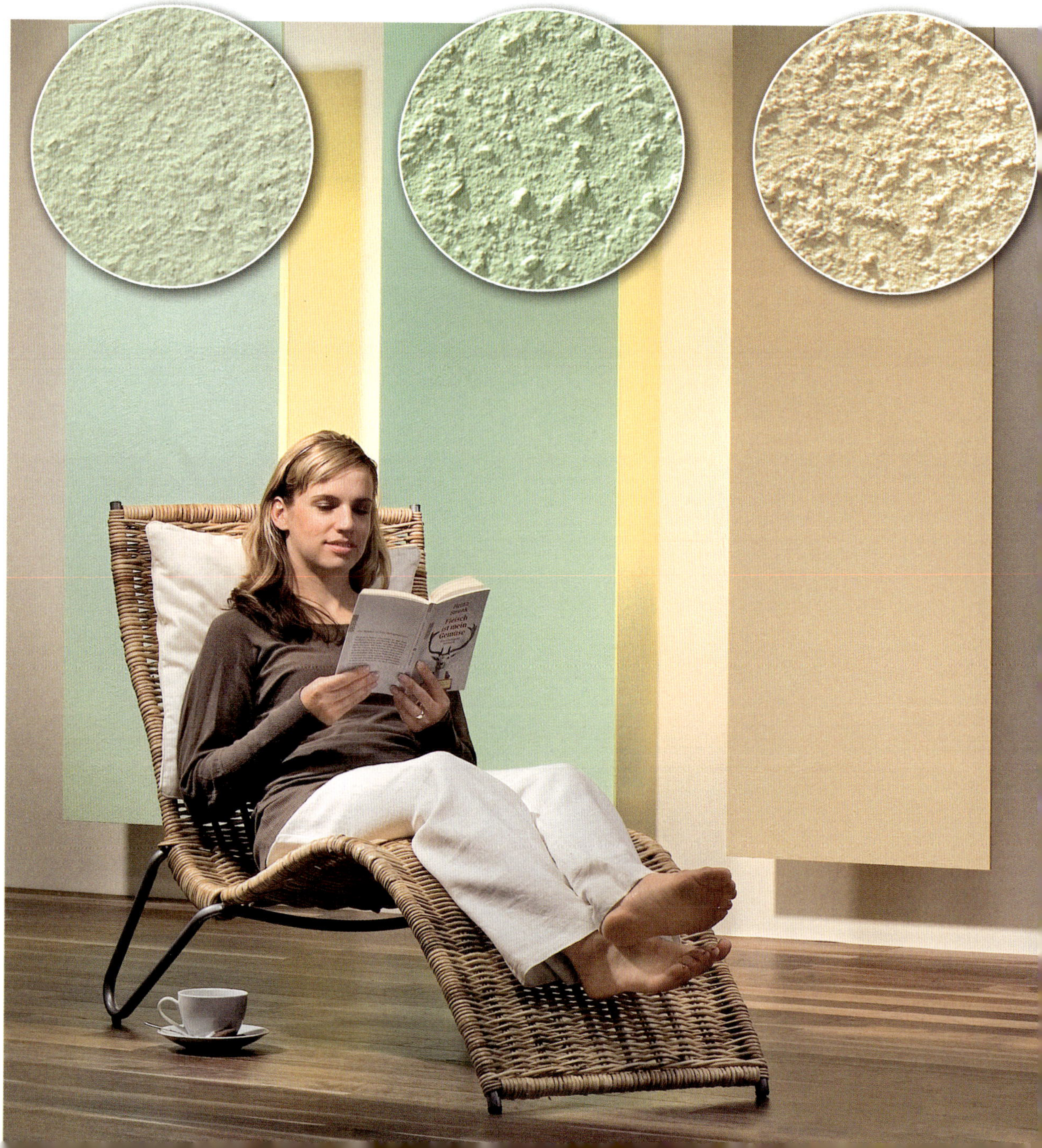

Streichputze sind einfach zu verarbeiten und haben den Vorteil, dass Strukturierung und farbliche Gestaltung Hand in Hand gehen. Sie können unproblematisch sowohl auf Gipskartonplatten und glatt verputzten Wänden als auch auf Tapeten verarbeitet werden. Wichtig ist in jedem Falle ein staubfreier, trockener, ebener und tragfähiger Untergrund. Dieser muss mit einer geeigneten Putzgrundierung vorbehandelt werden. Diese ist in aller Regel weiß, damit unter der dünnen Putzschicht ein farblich einheitlicher Untergrund gewährleistet ist. Der hier vorgestellte Streichputz ist im Gegensatz zu

▶TIPP

Putzstrukturen

Trotz der geringen Schichtdicke lässt sich ein Streichputz auch strukturieren. Allerdings reicht hier schon eine spezielle Rolle aus, mit der sich einfach und schnell eine raufaserähnliche Struktur erzeugen lässt (1). Mit dem Pinsel hingegen können Sie kreative Strukturen erzeugen, z. B. kreuz- oder zickzack-, kreis- oder halbkreisförmig bzw. ungleichmäßig (2). Alternativ eignen sich zum Gestalten auch Spachtel oder Schwamm. Dabei sind jedoch Geschick und sehr vorsichtiges Arbeiten gefragt.

Streichputz verarbeiten

1 Tragen Sie zunächst die weiß pigmentierte Putzgrundierung mit der Rolle gleichmäßig auf den Putz oder die tapezierte Wand auf

2 Wählen Sie erst Farbton und -intensität. Geben Sie dann die gewünschte Menge Farbpigmente in den Original-Farbeimer

3 Nun mischen Sie Farbpigmente und Putzfarbe gründlich mit dem Rührquirl durch. Dann in einen sauberen Topf umfüllen

Streichputz verarbeiten

4 Mit der zum System gehörenden Auftragswalze verteilen Sie den Streichputz auf der Wand. Am besten arbeiten Sie dabei kreuzweise

5 Mit der Finishwalze arbeiten Sie anschließend eine gleichmäßige und feine Struktur heraus, die einer Raufaser recht ähnlich sieht

anderen gängigen Streich- oder Dekorputzen rein mineralisch. Das bedeutet, dass er die Fähigkeit eines Gipsputzes, Wasserdampf zu speichern und wieder abzugeben, nicht behindert. Passend zum Putz sind hochkonzentrierte, ebenfalls rein mineralische Farbpigmente erhältlich. Verwenden Sie nach Möglichkeit immer ganze Packungseinheiten. Das garantiert, dass man die auf dem Farbfächer dargestellten Töne erhält. Je nach gewünschter Intensität mischen Sie die entsprechende Grammzahl Farbgranulat bei.

Grobe oder feine Strukturen

Der Putz ist in zwei Körnungen erhältlich, mit denen sich feine oder grobe Oberflächenstrukturen umsetzen lassen. Nach dem Auftragen bleiben Ihnen 15 bis 20 Minuten zum Strukturieren. Als Werkzeuge sollten Sie dabei entweder die Finishwalze oder den Finishpinsel des Systems einsetzen.

▶TIPP

Farbige Gestaltung

Zum Einfärben des Streichputzes verwenden Sie am besten die zum System gehörenden mineralischen Farben. Es handelt sich um hochkonzentrierte Farbpigmente in zehn verschiedenen Farbtönen (1). Sie werden dem Putz – je nach gewünschter Farbintensität – in 2- oder 6-Gramm-Portionen beigemischt (2). Die Verarbeitung erfolgt mit den gezeigten Spezialwerkzeugen: einer Rolle zum Auftragen des Putzes (3) und zwei Strukturhilfen (4, 5), die wahlweise eingesetzt werden können.

Die Psychologie der Farben

Unabhängig von Mode und Vorlieben besitzen Farben eine psychologische Wirkung. Für das Schlafzimmer wählen die meisten instinktiv kühle, beruhigende Farben, ein Esszimmer darf dagegen etwas anregender und bunter sein. Wie stark Farbe einen Raum verwandeln kann, sehen Sie an unserem Beispiel deutlich. Das abgebildete Zimmer wurde zuerst in einem kühlen, zarten Fliederton gestrichen, um der etwas dunklen Ecke lichten Raum zu geben. Tatsächlich aber wirkte die Farbe leblos. Die Umgestaltung mit einem warmen ockergelben Ton, der in einer unregelmäßigen Struktur aufgebracht wurde, lässt das Zimmer weitaus lebendiger erscheinen.

Warme Farben – kalte Farben

In der Farbenlehre unterscheidet man warme und kalte Farben. Auf den Farbkreis bezogen sind Rot, Orange, Gelb warme und Grün, Blau, Violett kalte Töne. Warme Farben haben zusätzlich die Eigenschaft, mehr Nähe zu vermitteln, sie wirken aktiver und lebendiger. Kalte Farben schaffen Distanz und wirken ruhiger und ausgeglichener.

Der kühle, fliederfarbene Raum wirkt durch den Anstrich in ...

... kräftigem Ockergelb optisch weitaus wärmer und behaglicher

Bohrlöcher mit Watte stopfen

TIPP 27

Ein Loch ist schnell in die Wand gebohrt. Doch gelegentlich müssen alte oder versehentlich falsch gebohrte Löcher wieder verschlossen werden. Mit geeigneter Spachtelmasse ist dies auf glatten Untergründen kein Problem, auf Raufaser hinterlässt diese Methode aber häufig hässliche Spachtelflächen.

Es gibt jedoch eine schnelle und preiswerte Alternative: Watte. In kleinen Portionen eingeführt, lassen sich damit die Bohrlöcher verschließen. Anschließend wird mit einem kleinen Pinsel und etwas Farbe über die ausgebesserte Stelle gestrichen. Dieses Verfahren ist fast völlig unsichtbar, da die Oberflächenstruktur der Raufaser sehr gut nachempfunden wird. Im Fall von Bohrlochreihen erspart man sich damit sogar eine Komplettrenovierung. Eine andere, aber schwierigere Möglichkeit wäre, normalen Füllspachtel nach dem Einbringen mit einem Pinsel der Raufaserstruktur anzugleichen. Mittlerweile sind außerdem spezielle Raufaserspachtelmassen erhältlich, denen Papierfasern beigemischt sind.

1

Das Bild hängt jetzt an einer anderen Stelle und das unansehnliche Loch muss weg

2

Die Lösung heißt Watte: Eine passende kleine Portion wird in das Bohrloch gestopft

3

Danach wird die Stelle mithilfe eines kleinen Pinsels und etwas Farbe überstrichen

Tapete richtig ausbessern

1

Um diese schadhafte Stelle zu reparieren, wird aus der mustergleichen Tapete ein entsprechend großes Stück ausgeschnitten

2

Dieses wird auf die Stelle an der Wand gelegt. Beide Beläge werden nun mit dem Cuttermesser gleichzeitig durchgeschnitten

3

Daraufhin wird das beschädigte Tapetenstück von der Wand gelöst – eventuell muss man mit einem Spachtel etwas nachhelfen

4

Sind zusätzlich Dübellöcher vorhanden, werden sie vor der Weiterbehandlung fachgerecht verspachtelt, zum Beispiel mit Gips

Um schadhafte Stellen an Tapeten auszubessern, benötigt man ein kleines Stück (möglichst der ursprünglichen) Tapete, ein Cuttermesser, Haushaltskleber oder Tapetenkleister und evtl. etwas Spachtelmasse.

In der Regel sollte man danach zumindest für die betroffene Wand einen Neuanstrich einplanen – vor allem, wenn die letzte Renovierung schon länger zurückliegt.

Raufaser-tapeten reparieren

5

Ist die Spachtelmasse getrocknet, den Kleb-stoff auf das neue Tapetenstück auftragen, zum Beispiel Bordürenkleber aus der Tube

6

Das passgenau zugeschnittene neue Stück Tapete wird in die Lücke eingesetzt. Die Ta-pete gut andrücken, Kleberreste abwischen

7

Zum Schluss wird die Stelle noch farbgleich zur übrigen Wand überstrichen. Besser ist es jedoch, gleich die Wand zu streichen

Fertigspachtel aus der Tube gibt es schon lange. Da es damit jedoch schwierig ist, eine unebene Struktur zu gestalten, schließt dieser Raufaser-Reparaturspachtel eine Lücke. Er eignet sich bestens zum Schließen von Schad-stellen in Raufasertapeten. Zu diesem Zweck wurden der Spachtelmasse Papierstückchen beigemischt. Diese sind jedoch relativ groß – und die Tubenöffnung ist es auch. Deshalb ist eine exakte Dosierung nicht einfach. Zieht man die Masse dann mit einem Spachtel ab, um den Riss zu glätten, ergibt sich durch die groben Papierschnipsel schnell eine gröbere Struktur, als sie die Raufasertapete besitzt. Die Spach-telmasse ist vor allem sinnvoll bei sehr grober Raufaser, die erst einmal gestrichen wurde.

1 **2**

Eine feine Sache für schadhafte Stellen in grober Raufaser: Der Fertigspachtel kann direkt aus der Tube aufgetragen werden (1). Er wird vorher geknetet, damit die Masse sich mischt. Mit dem Spachtel wird er daraufhin einfach auf der Schadstelle verteilt (2)

Verträglichkeit von Baustoffen

Wer baut oder renoviert, ist gut beraten, die Eigenschaften und Verträglichkeiten von Baustoffen zu beachten. Denn wer etwas zusammenfügt, was nicht zusammengehört, riskiert Bauschäden. Sehr wichtig ist in diesem Zusammenhang: Überprüfen Sie zunächst die Tragfähigkeit von Untergründen!

Die Ritzprobe gibt Aufschluss über die Tragfähigkeit eines Untergrunds. Je tiefer man mit einem harten Gegenstand einritzen kann, desto geringer ist die Tragfähigkeit des Estrichs oder der verputzten Wand

Die Tragfähigkeit von alten Anstrichen prüft man am besten mit einem Klebeband: Es wird auf der zu bearbeitenden Wand fest angedrückt und ruckartig abgezogen. Blätternde Anstriche müssen entfernt werden

Für die Verlegung von Natursteinfliesen gibt es schnell abbindende Spezialkleber (Natursteinkleber). Er besitzt keinerlei Anteile von dunklem Zement, der die Natursteinplatten sonst verfärben könnte

Die Saugfähigkeit von Untergründen wird mit Wasser geprüft, das mit einem Pinsel aufgetragen wird. Zieht es schnell ein, ist der Untergrund sehr saugfähig. Er muss vor der Weiterbearbeitung grundiert werden

Bordüren kleben

1

Hier wurde die gelbe Mustertapete nur bis zu einer Markierung auf der Wandmitte geklebt, weil an dieser Stelle eine Bordüre geplant ist

2

Zunächst die untere Wandhälfte tapezieren. Daraufhin klebt man die Bordüre so an, dass sie über den beiden anderen Tapeten sitzt

3

Damit die Tapeten nicht übereinandergeklebt werden, schneidet man unter- und oberhalb der Bordüre die jeweiligen Tapeten entlang ...

4

... einer Schiene mit einem Cuttermesser gerade durch. Die abgetrennten Streifen unter der Bordüre werden nun vorsichtig abgezogen

5

Nun müssen nur noch die Bordüren- und Tapetenränder fest angedrückt werden. Die Nähte mit einem konischen Nahtroller nacharbeiten

Mit passenden Bordüren können Sie Akzente setzen. Verarbeiten Sie diese so, wie auf den Bildern dieser Seite gezeigt. Zum Verkleben verwendet man im Allgemeinen gebrauchsfertigen Dispersionskleber. Papierbordüren vorher mit einem nassen Schwamm anfeuchten, zusammengelegt ca. 5 Minuten weichen lassen und danach den Bordürenkleber auftragen.

Grundkurs
Tapezieren mit Vliesfaser

Vliesfaser-Produkte sind ideal für Tapezier-Anfänger, weil sich diese robusten Tapeten nicht verziehen und trocken ins Kleisterbett legen lassen.

Vliestapete kleben

1 Zunächst streichen Sie die verputzte Wand mit Tapetengrund – das bindet den Staub und reguliert das Saugverhalten der Wand

2 Den Tapetenkleister nach Herstellerangaben in kaltes Wasser einrühren. Lassen Sie ihn ziehen und rühren Sie nochmal kräftig durch

5 … die Startlinie im Abstand der Bahnenbreite minus 1 bis 2 Zentimeter von der Ecke entfernt. Ermitteln Sie den geraden Verlauf mit der …

6 … Wasserwaage oder einem Lot. Zeichnen Sie das erforderliche Längenmaß auf die Tapete und schlagen Sie sie rechtwinklig um

Vliestapeten sind wie gemacht für diejenigen, die weder Putz- noch Farbeimer lieben und mit der Verarbeitung der Papiertapete ihre liebe Not haben. Der Grund für die einfache Handhabung von Vliestapeten liegt in ihrer reißfesten, absolut dimensionsstabilen Trägerschicht aus Fasermaterial (Zellstoff, Textilfasern). Sie dehnt sich unter dem Einfluss von Feuchtigkeit nicht aus und zieht sich folglich auch beim Trocknen nicht zusammen. Auch bei starker Durchfeuchtung lässt sich die Vliesfaser noch gut schneiden. Ein weiterer Vorteil: Das Material ist so stabil, dass es auch über kleinere Wandrisse geklebt werden kann, ohne Schaden zu nehmen.

Die Welt der Vliestapeten

Der Handel bietet weiße und eingefärbte Vliestapeten an. Letztere lassen sich zwar bei Bedarf auch überstreichen, bieten aber zunächst den Vorteil, genau dies nicht machen

Vliestapete kleben

3

Messen Sie die Länge der Tapetenbahnen aus und rechnen Sie etwa 10 Zentimeter hinzu. Der Überstand wird an der Wand geschnitten

4

Da Ecken selten ganz gerade sind, dürfen sie nicht als Bezugslinie für die Tapetenbahnen gewählt werden. Markieren Sie stattdessen …

7

Daraufhin schneiden Sie die Tapete entlang der geknickten Linie mit einem Messer durch. Das geht am besten auf dem Tapeziertisch

8

Da Vliesfasertapeten keine Weichzeiten benötigen, können Sie den Kleister bahnenweise mit dem Quast auf die Wand streichen

zu müssen. Wünscht man beispielsweise eine mediterrane Anmutung mit Wischeffekten, spart man mit fertig oberflächenbehandelten Tapeten viel Zeit. Abgesehen davon dürfte es manchem schwerfallen, mit Farbe und Streichwerkzeug ein so gutes Ergebnis zu erzielen, wie es eine fertig dekorierte Tapete vorgibt. Ob überstreichbar oder fertig dekoriert, die Strukturen von Vliestapeten sind so vielfältig, dass nur ein Blick in den Musterordner eines Herstellers Klarheit

bringt. So gibt es auch Ausführungen, die sich mit bloßem Auge nicht von einer herkömmlichen Raufaser unterscheiden lassen.

Die Verarbeitung

Zunächst schneidet man die Bahnen in der benötigten Länge inklusive eines Überstandes von ca. 10 cm trocken zu. Danach streicht man den angerührten speziellen Vliestapetenkleister mit Quast oder Maler-

Vliestapete kleben

9

Legen Sie die erste Bahn an der zuvor markierten, vertikalen Linie an. Drücken Sie sie von oben nach unten zunächst mit den Händen an

10

Wenn die Tapete richtig sitzt, streichen Sie sie als nächstes mit einer Tapezierbürste von oben nach unten und zu den Seiten hin glatt

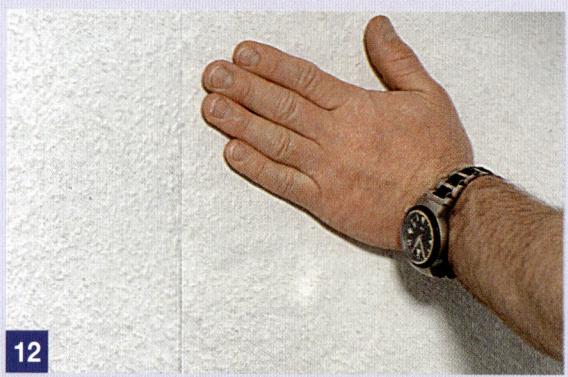

12

Dann den nächsten Wandabschnitt einkleistern und die folgende Bahn genau auf Stoß zur vorher verklebten anlegen und andrücken

rolle an die Wand und legt direkt die Tapete auf. Es empfiehlt sich, den Kleister satt aufzutragen. So kann man die Tapetenbahn in Ruhe ausrichten. Da Vliestapeten recht reißfest sind, ist die Gefahr, sie dabei zu beschädigen, relativ gering. Wenn Sie jedoch zu wenig Kleister auftragen, wird dieser von der Tapete aufgesogen bzw. bindet zu schnell ab – eine Korrektur der eingelegten Bahn ist dann nicht mehr möglich. Streichen Sie den Kleister auf eine Fläche, die etwas breiter ist

als eine Bahn. So vermeiden Sie beim Vorbereiten der nächsten Bahn Flecken auf der bereits tapezierten Fläche. Zum Andrücken und Herausreiben von Luftblasen verwenden Sie einen Kunststoffspachtel.

Ränder, Ecken und Kanten

Die Tapete verkleben Sie mit einem leichten Überstand an Decke und Boden. Wie groß der Überstand ausfallen muss, hängt davon ab,

Vliestapete kleben

11 Alternativ können Sie dazu auch eine solche Moosgummiwalze einsetzen. Nun den unteren Überstand abschneiden, diese Bahn ist fertig

13 Den Nahtroller nur bedingt einsetzen. Und wenn, dann nur konische, glatte Modelle und kein tonnenförmiges, geriffeltes wie hier

14 Grundsätzlich sollten die Bahnen immer zuerst in der Mitte von oben nach unten und dann zu den Seiten hin angedrückt werden

▶TIPP

Fensterlaibung tapezieren

An Fensterlaibungen die Tapete 1 bis 2 cm überstehen lassen. Diesen Überstand um die Kante kleben. Dann einen schmalen Streifen für die seitliche Laibung zuschneiden und diesen an der Außenkante beginnend Richtung Fenster kleben. Dort abschneiden.

wie gerade die Wände sind. Hier müssen Sie genau messen. Das ist vor allem beim Anlegen der ersten Bahn sehr wichtig.

Erste Bahn genau markieren

Da Innenecken nie ganz gerade verlaufen, kommen sie nicht als Bezugslinie infrage. Statt dessen markiert man eine lotrechte Linie im Abstand der Tapetenbahn minus ca. 2 cm neben der Innenecke. An der Markie-

An Steckdosen und Schaltern

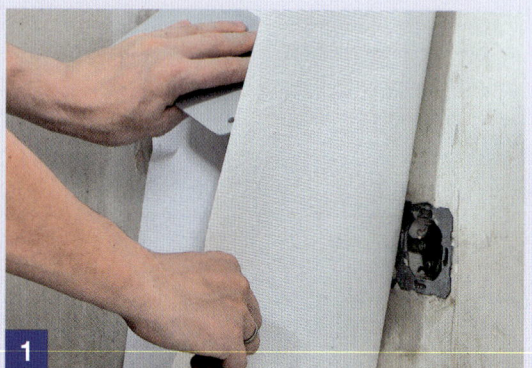

1

Steckdosen und Lichtschalter, deren Abdeckungen vorher abgenommen wurden, zunächst ganz einfach übertapezieren

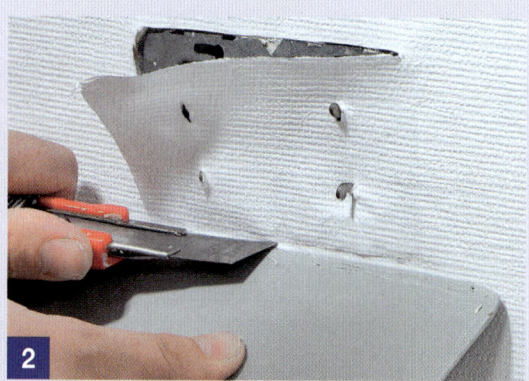

2

Vorher die Sicherung ausschalten. Entlang des Tapezierspachtels schneiden Sie dann die Gehäuse mit dem Cutter wieder frei

Um die Ecke tapezieren

1

Drücken Sie überstehende Tapetenbahnen in Ecken, an Decken- und Bodenanschlüssen mit einem Tapezierspachtel fest an

2

Daraufhin wird der Überstand mit einem Cutter entlang des Spachtels abgeschnitten. Tapetenstreifen einfach abziehen

rung legen Sie die Tapetenbahn an und tapezieren von dort aus Richtung Ecke. Dort drücken Sie die Tapete mit einem Metallspachtel in die Ecke und schneiden den Überstand mit einem scharfen Cuttermesser ab. Übrigens, falls aus Versehen einmal Kleister auf die Vorderseite der Tapete gelangt, sollten Sie diesen möglichst schnell mit einem Lappen und klarem Wasser entfernen.

▶TIPP

Papiertapeten müssen weichen

Mit einem Quast bestreichen Sie die Rückseite der Tapetenbahnen gleichmäßig mit Kleister (1). Schlagen Sie das oben anzusetzende Ende zu 2/3 und das untere zu 1/3 um (2) und lassen Sie die Bahn 5 bis 10 Minuten weichen. Markieren Sie den ersten Bahnverlauf. Den oberen, zu 2/3 eingeschlagenen Abschnitt entfalten Sie und beginnen vom Fenster aus die Bahnen zu verkleben (3). Setzen Sie oben mit Überstand an und drücken Sie die Bahn fest an.

Außenkanten

An Außenkanten legen Sie die Tapete mit Überstand an. Erst wird die eine Seite bündig mit einem Cuttermesser abgeschnitten

Dann tapezieren Sie die andere Seite des Vorsprungs auch mit Überstand und schneiden den überstehenden Teil bündig ab

Damit die Tapete dauerhaft hält, drücken Sie beide Seiten mit einer Andrückrolle fest an, vor allem die Stoßkanten an der Ecke

Grundkurs Vliesfaser für die Decke

33

TIPP

Da Vliesfaser nicht vorab eingekleistert werden muss, ist sie auch für das einfache und saubere Arbeiten an Zimmerdecken die richtige Wahl.

Die Vorbereitungen

1 Schneiden Sie zuerst die Tapetenbahnen passend zur jeweiligen Wandhöhe zu. Berücksichtigen Sie dabei einige Zentimeter Überlänge

2 Markieren Sie die Linie, an der Sie die erste Bahn ansetzen möchten. Niemals die Ecke als Bezugslinie wählen, sie ist selten gerade

3 Dann rühren Sie den Kleister in kaltes Wasser ein. Wichtig: Speziellen Kleister für Vliestapeten bzw. das Wandklebeverfahren wählen

4 Auf einer Fläche, die der Breite der Tapetenbahn zuzüglich ca. 10 cm entspricht, tragen Sie Kleister satt und vollflächig mit einer Rolle auf

Das Tapezieren der Decke ist grundsätzlich eine heikle Angelegenheit, und wer noch wenig Heimwerker-Erfahrung hat, sucht sich hierfür besser einen Helfer – trotz Vliestapete. Kleben Sie die Bahnen längs zur Hauptlichtquelle an die Decke. Dann fallen die Bahnen-Nähte später kaum ins Auge. Wichtig: Legen Sie die erste Tapetenbahn keinesfalls am Deckenrand an. Denn in den seltensten Fällen ist dieser gerade und weitere Bahnen verlaufen unweigerlich ebenfalls schief. Markieren Sie stattdessen eine Anlegelinie im Abstand einer Rollenbreite minus 2 cm vom Deckenrand entfernt. Das geht am einfachsten und sehr genau mit einer Schlagschnur. An dieser Startmarkierung legen Sie die Tapete an, streichen sie zu den Seiten hin glatt und können danach ganz in Ruhe die Überstände am Übergang von Decke zur Wand mithilfe von Tapezierspachtel und Cuttermesser abschneiden.

Die erste Bahn tapezieren

1

Jetzt lässt sich die erste Tapetenbahn anbringen. Lassen Sie sie an den Seiten etwas überstehen. Am besten geht es zu zweit: Der eine hält die Tapete, der andere streicht sie mit der Bürste glatt

2

Schneiden Sie die Überstände an den Enden und an der Wandseite mit einem Tapezierspachtel und einem Cuttermesser ab

3

So erhalten Sie auch bei schief verlaufenden Wänden grundsätzlich einen sauberen, einheitlichen Abschluss an jeder Tapetenbahn

▶TIPP

Doppelnahtschnitt

Stoßen die Bahnen nicht exakt aneinander, empfiehlt sich der Doppelnahtschnitt: Die Folgebahn wird überlappend zur ersten Bahn angelegt (1) und beide Bahnen auf einmal gerade durchschnitten (2). Bahn wieder leicht anheben, den abgetrennten Streifen der darunterliegenden Bahn abziehen und alles andrücken (3). Mit einem konisch geformten Nahtroller drücken Sie die beiden Bahnanschlüsse fest an die Decke (4).

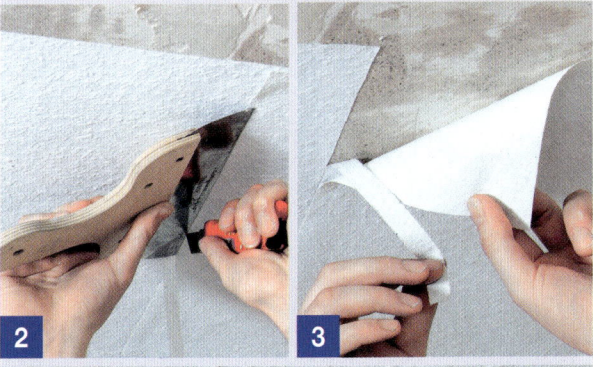

Vorsprünge tapezieren

1

Ecken, Vorsprünge oder Nischen müssen besonders behandelt werden. Schon beim Zuschnitt muss ein größerer Überstand ...

2

... eingerechnet werden. Klebt die Tapete an der Wand, wird sie an den Ecken und Kanten diagonal bis zur Decke eingeschnitten

3

Auf diese Art und Weise wird die Spannung aus der Vliesfaser genommen. Die Stücke am Wand-/Decken-Übergang abtrennen

Grundkurs
Streichen mit Wandfarben

Auf dem perfekten Untergrund, mit Qualitäts-Werkzeug, hochwertigen Farben und ein paar Streichtipps gelingt die Raumverschönerung im Nu.

Das Streichen der Wände ist im Allgemeinen die schnellste und häufigste Renovierungsmaßnahme. Schwierig ist es nicht, Farbe mit der Rolle an eine Wand zu bringen. Doch für einen gelungenen, haltbaren Anstrich lohnt sich etwas Verarbeitungswissen. Denn Probleme mit abblätterndem Putz oder einer falschen Farbe lassen selbst den frischesten Farbton schnell alt aussehen.

Bei den meisten Wandfarben handelt es sich um Dispersionsfarben. Sie bestehen aus Wasser, Farbpigmenten und Bindemitteln wie Kunstharz (Polyvinyl, Acrylat) oder Naturharz (Wachs, pflanzlicher Leim). Um die Beurteilung einer Farbe einfacher zu gestalten, werden Dispersionsfarben klassifiziert. Achten Sie beim Einkauf deshalb auf Angaben zum Deckvermögen und zum Nassabrieb. Fehlen diese Angaben, sollten Sie keine hohen Erwartungen an die Farbe knüpfen.

Dispersionen bieten Vielfalt

Für die meisten Anwendungen empfiehlt sich eine „normale" Wandfarbe. Empfehlenswert sind hochdeckende Wandfarben mit Deckkraftklasse 1 und Nassabriebklasse 2. Hierbei spart man sich oft ein mehrmaliges Streichen wie mit preiswerter, jedoch schlechterer Farbe. Die Preisunterschiede verschiedener Produkte von hochdeckender Farbe sind teilweise enorm und längst nicht immer gerechtfertigt.

Sehr beliebt sind Latexfarben. Dabei handelt es sich um besonders abriebfeste, sehr dichte, jedoch dünnschichtige Dispersionsfarben. Statt Naturlatex enthalten sie heute künstliche Bindemittel. Wer einen sehr waschbeständigen Anstrich braucht, liegt mit diesen Farben richtig. Für ein besonders glänzendes Ergebnis kommen Sie um Latexfarben nicht herum. Die Deckkraft ist zum Teil aber geringer als bei herkömmlicher Wandfarbe.

Untergrund prüfen

1 Bereits abblätternde Altanstriche müssen Sie auf jeden Fall vollständig entfernen, um einen tragfähigen Untergrund zu schaffen

2 Im Zweifelsfall den Abreißtest mit Klebeband machen. Bleiben größere Partikel hängen, taugt der Untergrund nichts

Decken und Wände streichen

Wenn Sie Decken und Wände Ihrer Wohnung streichen wollen, ist zu entscheiden, ob Sie direkt auf die Wand streichen oder eine Raufaser- bzw. Strukturtapete als Untergrund nehmen möchten. Im ersten Fall muss die Wand besonders gut vorbehandelt werden, da man jede Unregelmäßigkeit nach dem Anstrich sieht. Wird zuvor tapeziert, reduziert sich der Vorbereitungsaufwand ein wenig.

Grundsätzlich sind die folgenden Untergründe für einen Anstrich mit Dispersionsfarben geeignet: Beton, Porenbeton, Ziegelmauerwerk, Kalksandstein, mineralischer Putz, Kunstharzputz, Gipsputz, Gipskarton- oder Gipsfaserplatten, Raufaser, Textiltapeten, Vinylschaumtapeten, feste Altanstriche.

Für ein optimales Arbeitsergebnis sollten Sie den jeweiligen Untergrund zunächst gründlich prüfen. Bei einer Sichtprüfung schauen Sie, ob es Verfärbungen, Verschmutzungen, Fettflecken, Ausblühungen, lose Tapeten oder Ablösungen von Altanstrichen gibt. Durch eine Wischprüfung mit einem dunklen Tuch stellen Sie fest, ob Altanstriche kreiden oder Putze sanden bzw. abbröckeln.

Kratzen, Klopfen oder Kleben

Eine Kratzprobe mit einer Messerspitze oder einer Schraubendreherklinge gibt Aufschluss darüber, ob womöglich der gesamte Putz mürbe und nicht mehr tragfähig ist. Wenn Sie mit den Fingerknöcheln auf den Putz klopfen, merken Sie zudem, ob er fest mit dem Mauerwerk verbunden ist. Bei Putzablösungen klingt es hohl.

Bei Altanstrichen empfiehlt es sich, durch die Abreißprüfung festzustellen, ob die Farbe fest auf dem Untergrund sitzt. Man reibt dazu einen Streifen Klebeband fest auf den vorhandenen Anstrich und reißt ihn dann ruckartig ab. Bleiben Teile des Anstrichs am Klebeband hängen, ist die Fläche vor dem Neuanstrich erst zu stabilisieren.

Wenn Sie ganz frischen Putz streichen wollen, müssen Sie mindestens zwei bis drei Wochen warten, bis der Putz völlig durchgetrocknet ist. Dann behandeln Sie ihn zunächst mit Tiefengrund. Durch die Grundierung werden stark saugende Untergründe „abgesperrt", sodass der folgende Anstrich nicht zu schnell trocknet und sich gut mit

Untergrund vorbereiten

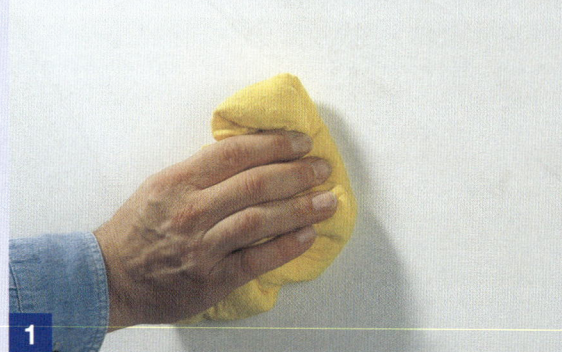

1

Mit Besen und feuchtem Tuch wird oberflächlicher Schmutz entfernt. Dann wird der Putz mit Tiefengrund behandelt

4

Marode Stellen grundsätzlich überstreichbarer Altanstriche werden mit Spachtel und Drahtbürste gründlich von losen Teilen gesäubert

5

Nach dem Ablösen des alten Tapetenbelags werden vor dem Streichen die Unebenheiten im Putz mit Spachtelmasse ausgeglichen

Untergrund vorbereiten

2 Alte Leim- und Kalkfarbenanstriche eignen sich nicht als Untergrund für Dispersionsfarben. Sie müssen heruntergewaschen werden

3 Risse und Löcher im Putz werden sorgfältig ausgekratzt und ausgebürstet. Nach dem Anfeuchten der Stelle spachtelt man sie zu

dem Putz verbindet. Anschließend bessern Sie eventuell vorhandene Risse und Löcher mit Spachtelmasse aus. Dabei werden Risse zuerst mit der Kante des Spachtels ausgekratzt und ausgebürstet, um lose Partikel vollständig zu entfernen. Alter Putz muss erst ganzflächig abgefegt und entstaubt werden. Danach wird er wie neuer Putz grundiert. Im folgenden Schritt wiederum Risse und Löcher ausspachteln. Damit die Spachtelmasse gut haftet, sollten Sie den Putz vorher anfeuchten.

Alte Leimfarbenanstriche taugen nicht als Untergrund für Dispersionsfarben. Der Anstrich würde nach kurzer Zeit wieder abblättern. Darum muss man sie mit Wasser und einer groben Wurzelbürste vollständig abwaschen. Einen Leimfarbenanstrich erkennt man zuverlässig am Abrieb: Wird der Daumen weiß, wenn man ihn über die Oberfläche reibt, ist es Leimfarbe.

Alte Kalkfarbenanstriche, die man in Altbauten häufig in Keller- oder Speicherräumen findet, bieten Dispersionsfarben ebenfalls keinen haftfähigen Untergrund. Sie werden wie Leimfarben behandelt und

vollständig abgewaschen. Danach wird der Putz mit Tiefengrund vorbehandelt.

Bei Schimmel- oder Stockflecken müssen Sie zunächst klären, ob die Wand vielleicht feucht ist. Ist dies der Fall, gilt es, zunächst die Ursache dafür herauszufinden und abzustellen, ehe man einen neuen Anstrich auf den Wandabschnitt aufbringt.

▶ TIPP

Kalkfarben als Alternative?

Neben Dispersionsfarbe gibt es noch weitere Farben. Sie spielen beim Innenanstrich aber kaum eine nennenswerte Rolle, obwohl zum Beispiel Kalkfarben einen durchaus robusten Anstrich darstellen, denn sie härten zu wasserunlöslichem Calciumcarbonat aus. Und wer will, kann sie sich selbst recht einfach anmischen: mit Kalk, Wasser und Tapetenkleister.

▶**TIPP**

Auf Qualität achten

Wer bei Pinseln und Rollen spart, wird sich manches Mal darüber ärgern: Die Rolle setzt sich schnell zu und/oder rollt nicht richtig, und die Borsten des Pinsels werden von der Wand förmlich angezogen. Hochwertige Maler-Utensilien finden Sie heute nicht nur im Fachgeschäft, sondern auch in vielen Baumärkten.

Wenn Sie nicht gerade frisch tapeziert haben, sondern den alten Tapetenanstrich lediglich auffrischen möchten, sollten Sie die Wände zunächst kritisch unter die Lupe nehmen. Entdecken Sie Wasser- oder Rostflecken, ist ein Voranstrich mit Isolierfarbe sinnvoll. Auch für Ruß und starke Nikotinablagerungen gibt es Spezialgrundierungen.

Werkzeuge und Maleruntensilien

Bevor Sie beginnen, sollten Sie die wichtigen Utensilien parat legen. Das beginnt mit geeignetem Abdeckmaterial. Kleben Sie alles sorgfältig ab, was nicht mit Farbe in Berührung kommen darf. Steckdosen- und Schalteroberteile sollten Sie abschrauben. Dabei vorher die Sicherung ausschalten.

Zum Streichen benötigen Sie einen großen und eventuell einen kleinen Farbroller mit Lammfell- oder Perlon-Bezug, Heizkörper- und Flachpinsel, ein Abstreifgitter und gegebenenfalls als Verlängerung für die Farbwalze eine Teleskopstange. Sie dient zwar in erster Linie für den Deckenanstrich – der stets vor dem Wandanstrich angeführt werden sollte – kann aber auch beim An-

Abdecken und Streichen

1

Bevor Sie mit dem Streichen beginnen, wird Malerfolie vollflächig im Raum ausgelegt. Falten an den Rändern möglichst vermeiden

4

Zuerst streicht man mit einem Flachpinsel und/oder einer kleinen Farbrolle sorgfältig alle Ränder und Ecken der Wandflächen

7

Für ein gleichmäßiges Streichergebnis rollen Sie die Farbe zunächst kreuz und quer aus und anschließend gerade von oben nach unten

Abdecken und Streichen

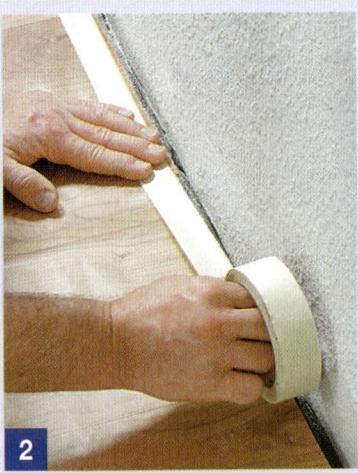

Die Folienränder mit Kreppband am Boden festkleben. Sind schon Fußleisten montiert, werden diese vorher sauber mit Kreppband und Folienstreifen abgeklebt

2

3

Arbeiten Sie wie hier mit bereits im Baumarkt fertig abgetönter Wandfarbe, rühren Sie sie vor dem Streichen noch einmal kräftig auf

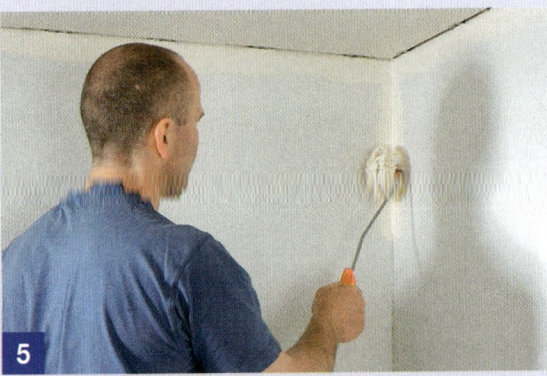

5

Rollen haben im Gegensatz zum Flachpinsel den Vorteil, dass Sie damit weniger und gleichmäßiger Farbe auftragen können

6

Die große Lammfellrolle für die Wandflächen sollte immer gut am Gitter abgerollt werden. Nicht mit zu viel Farbe auf die Wand gehen

▶TIPP

Gut abgedeckt

Streichen Sie die Wände mit unterschiedlichen Farben, ist ein längliches Stück Pappe hilfreich, mit dem Sie die angrenzende Wand abdecken. Verwenden Sie nicht zu viel Farbe, sonst kann sie dahinterlaufen.

streichen der Wände die Arbeit erleichtern. Denn das Streichergebnis lässt sich mit etwas Abstand zur Wand oft besser beurteilen. Gehen Sie beim Anstreichen der Wände vor wie in der Fotofolge dargestellt. Wenn Sie zwischendurch eine längere Pause einlegen möchten, verpacken Sie Rolle und Pinsel einfach in Frischhaltefolie. So ersparen Sie sich mehrmaliges Auswaschen der Werkzeuge.

Raumwirkung von Farben und Mustern

Hohe Räume wirken mit einem waagerecht verlaufenden Muster niedriger

Senkrecht verlaufende Muster hingegen verleihen niedrigen Räumen mehr Höhe

Helle, unifarbene Tapeten sowie dezente Musterungen vergrößern Räume optisch

Eine groß gemusterte Wand neben dezent gemusterten Wänden erweitert den Raum

Helle Tapeten an Erkern und Gauben vergrößern diese durch reflektierendes Licht

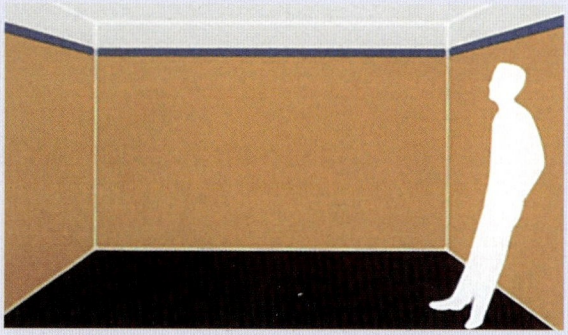

Hohe Räume wirken niedriger, wenn Wandfarben etwas unterhalb der Decke enden

Wischtechnik

Traditionell wird die Wischtechnik mit dem Flächenstreicher ausgeführt (1), der entweder in weiten Schwüngen, in Form einer liegenden Acht oder eines Diagonalkreuzes über die Wand gezogen wird. Die einmal gewählte Wischtechnik sollte während des gesamten Farbauftrages beibehalten werden, um ein gleichmäßiges Gesamtbild zu erzeugen. Der Handel bietet spezielle Effektfarben an, die sich besonders gut verarbeiten lassen und mit ein bis zwei Aufträgen ein gutes Ergebnis liefern. Sie können aber auch mit durchscheinenden Lasuren arbeiten. Mehrere Schichten, meist zwei bis drei, werden

bei dieser Variante übereinander aufgetragen. Jede dieser Schichten ist so transparent, dass die unteren Farbschichten durchscheinen. Bevor ein Anstrich erfolgt, muss der vorherige vollkommen trocken sein. Sie können eine zur Lasur passende Grundfarbe wählen; solche Kombipakete werden passend von mehreren Herstellern angeboten. So erreicht man auch mit weniger Farbschichten ein ansprechendes Ergebnis. Lasuren wirken jedoch auch direkt auf einem weißen Grundanstrich mit Dispersionsfarbe sehr attraktiv – Weiß lässt die Lasuren leuchten. Durch die Wischtechnik werden die Pigmente mehr oder weniger stark angelagert und schaffen ein lebendig-bewegtes Ergebnis. Der endgültige Farbton entsteht erst nach mehrmaligem Farbauftrag in Form sanfter Hell-Dunkel-Kontraste.

Mit speziellen Effektfarben sind interessante Wischstrukturen schnell mit dem Pinsel oder einer Bürste aufgebracht

Mit einem solchen Wischer werden zu starke Pinselstriche unter leichtem Druck geglättet und der Farbauftrag korrigiert

Vor dem Malen

Ganz wichtig: Lassen Sie sich Zeit! Manche Techniken erfordern mehrere Durchgänge und etwas Übung. Testen Sie den Effekt auf einem Karton, auf einer Probewand oder, wie hier, auf einem zweifach mit weißer Dispersionsfarbe grundierten Stück Spanplatte. Prüfen Sie, ob der Untergrund für die gewählte Technik geeignet ist. Stark saugende Wände sollten Sie vorab mit Tiefengrund behandeln. Generell muss die Wand trocken sowie frei von Staub und Fett sein.

Stupftechnik

TIPP 38

1

Der Schwamm wird mit Wasser befeuchtet, ausgedrückt, in Farbe getaucht und wieder ausgedrückt. Dann können Sie stupfen

2

Beim zweiten Durchgang wird das Muster gleichmäßiger. Öfter den Schwamm drehen, um so das Muster zu variieren

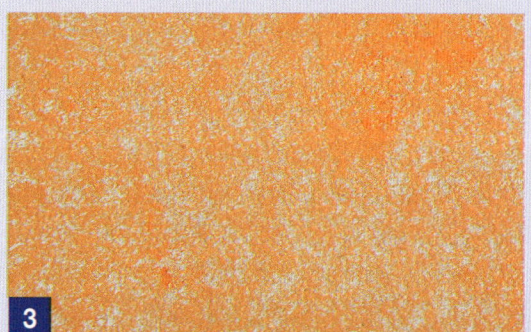

3

Nach dem dritten Farbauftrag entsteht der typisch wolkige Effekt dieser Technik. Fehlstellen können jetzt ausgebessert werden

Die besten Naturschwämme für den Stupfeffekt gibt es im Baumarkt oder in der Drogerie. Man sollte sich einen Schwamm aussuchen, der einem von der Größe gut in der Hand liegt und dessen Struktur gefällt. Die Technik eignet sich sowohl für glatte als auch für strukturierte Untergründe wie Putz oder Raufaser. Gestupft wird mit deckender Farbe. Die Technik ist nicht schwierig, wird allerdings erst richtig gut, wenn mehrere Schichten übereinandergelegt werden. Dann ergibt sich der charakteristische Wolkeneffekt.

Ein Problem können Ecken und Deckenanschlüsse sein. Zur Decke hin sollte man einen Rand abkleben, das erleichtert die Arbeit sehr. Gleiches kann man mit dem Anschluss zur zweiten Wand machen. Eine weitere Möglichkeit ist ein Stück Pappe, das man in die Ecke hält. Treten in den Ecken trotzdem Leerstellen auf oder ist überschüssige Farbe vorhanden, können sie vorsichtig mit einem Stupfpinsel oder einer Stupfbürste nachbehandelt werden. Natürlich hat man mit dieser Technik auch die Möglichkeit, „negativ" zu arbeiten. Dazu wird auf ein Stück Wand mit einem Pinsel Lasur aufgetragen, die teilweise mit einem Schwamm wieder abgenommen wird. Hierbei muss der Schwamm allerdings häufiger ausgewaschen werden. Es sollte recht zügig gearbeitet werden, um harte Übergänge durch trocknende Farbe zu vermeiden. Am besten arbeitet man hier mit einem Partner zusammen, also Hand in Hand. Ein ähnliches Ergebnis wie mit dem Schwamm erzielt man mit der Stupfbürste.

Positiv

1 Ein Stück Stoffrest anfeuchten, fest zu einem Würstchen zusammenrollen, in gelbe Farbe tauchen und kräftig ausdrücken

2 Den Lappen dann an der vorab weiß gestrichenen Wand abrollen. Für ein gleichmäßiges Muster Wickelrichtung beibehalten

3 Das Ergebnis ist eine zarte und luftige Struktur. Das Muster wirkt offen und die weiße Wand schimmert deutlich durch

Negativ

1 Bei der Negativ-Technik wird die Wand in der gewünschten Farbe mithilfe einer Rolle gleichmäßig deckend grundiert

2 Die ausgewaschene und in weiße Farbe getauchte Stoffrolle über die Wand bewegen. Achtung: Nur eine Person sollte abwickeln

3 Hier dominiert die gewählte Grundfarbe. Die Intensität des weißen Musters kann man aber durch die Farbmenge variieren

Wickeltechnik

TIPP 39

Beide Techniken werden mit dem gleichen Werkzeug, einem fest gewickelten Baumwoll-Lappen erzielt. Bei der Positiv-Technik wird die Wand erst weiß grundiert und dann in der Wunschfarbe strukturiert. Das Ergebnis ist ein überaus zartes Muster.

Bei der Negativ-Technik wird die Wand zuerst in der Wunschfarbe grundiert und danach durch die gewickelte Stoffrolle ein weißes Muster aufgebracht. Das Ergebnis dieser Methode ist weitaus farbkräftiger.

Folientechnik

TIPP
40

1

Als Erstes wird die gewünschte Farbe kräftig und kreuz und quer mit dem Flächenstreicher auf ein Stück Wand aufgetragen

2

Die gestrichene Arbeitsfläche sollte in etwa der Größe des Folienstücks entsprechen, das nun auf die feuchte Farbe gelegt wird

3

Die Folie wird auf die Wand gelegt. Mit dem Druck der Hände kann das Muster variiert werden. Vorsicht, auch Hände bilden sich ab!

4

Wenn die Farbe leicht angetrocknet ist, kann die Folie vorsichtig von der Wand entfernt werden. Auf den richtigen Zeitpunkt achten!

Diese Technik wird auch Frottage genannt, das französische Wort für „Reiben". Mit der Hand oder einer weichen Bürste wird über den in die feuchte Farbe gelegten Bogen Zeitungspapier, die Folie oder das Stück angefeuchteten Stoff gerieben. Die Farbe wird mehr oder weniger stark aufgesaugt, zurück bleibt ein unregelmäßiges Muster auf der Wand. Die hier verwendete Haushaltsfolie kann die Farbe natürlich nicht aufsaugen. Deshalb wird sie so lange an der Wand belassen, bis die Farbe anzutrocknen be-

ginnt. Beim Abziehen bleibt ein Teil der Farbe an ihr haften. Teilweise löst sich die Folie zum richtigen Zeitpunkt von selbst von der Wand. Durch das Andrücken der Folie an die Wand können unterschiedliche Muster entstehen, je nachdem, ob man die entstandenen Kniffe belässt oder sie durch Druck etwas verändert. Aber Vorsicht: Auch die eigenen Handflächen können sich abbilden. Bei dieser Technik bietet es sich an, zu zweit zu arbeiten, damit man stets zügig und ohne hässliche Farbübergänge vorankommt. Während der eine streicht, kann der andere schon Folienstücke abreißen und verarbeiten. Das Ergebnis sind marmor-artige Strukturen.

Böden

Wie Sie mit Estrichrissen oder beschädigten Fliesen umgehen und Holz- und Teppichboden, Laminat und Fliesen verlegen

Grundkurs Teppichboden verlegen

Mit Sicherheit glatt liegt ein Teppichboden, wenn er vollflächig verklebt ist. Oft reicht es aber auch, ihn nur an wichtigen Stellen zu fixieren.

Wer einen Teppichboden verlegt, braucht einen glatten Untergrund – egal, ob er das textile Gewebe vollflächig verkleben, an einigen Punkten fixieren oder lediglich lose verlegen möchte. Die vollflächige Verklebung lohnt sich vor allem dann, wenn die Räume größer sind oder die Bodenflächen stark begangen werden, etwa im Flur. Sonst kann es passieren, dass der neue Bodenbelag bald nach der Verlegung unschöne Wellen wirft oder im Laufe der Zeit mit den Möbeln ins Rutschen kommt.

Lösemittel und Weichmacher

Die Verwendung von Klebern bringt nicht nur den Vorteil einer dauerhaften Befestigung mit sich, sondern hat auch ihre Schattenseiten: Verbraucherzentralen und Umweltverbände warnen immer wieder davor, lösemittelhaltige Klebstoffe In Haus und

►TIPP

Wann Fixierung, wann Kleber?

Mit nackten Füßen über den neuen Teppich im Wohnzimmer zu laufen, ist ein tolles Gefühl. Doch wer denkt schon bei der Verlegung daran, wie man ihn in einigen Jahren wieder entfernen kann? Wenn man es leichter haben möchte beim Renovieren oder bei einem Wohnungswechsel, ist es ratsam, eine Teppichfixierung einzusetzen. Mit ihr wird der Teppichboden nicht fest verklebt, sondern fixiert, d. h. er verrutscht nicht, bildet keine Beulen und ist trotzdem leicht wieder zu lösen. Eine Fixierung ist zudem wasserlöslich, sodass sie leichter als ein Kleber wieder vom Boden entfernt werden kann. Bei der Auswahl der Fixierung ist stets darauf zu achten, für welche Teppichbodenarten sich die Fixierung eignet.

Variante 1: Mit Klebeband fixieren

1

Mit dem Rücken einer stabilen Schere drücken Sie den grob zugeschnittenen Teppich faltenfrei in den Winkel zur Wand

2

Dann kann der Belag mit dem scharfen Cuttermesser durchtrennt werden. Das Messer sollte man dabei fest andrücken

3

An den Rändern sowie an der Tür drückt man das doppelseitige Klebeband auf den Estrich und zieht das obere Deckpapier ab

Variante 1: Mit Klebeband fixieren

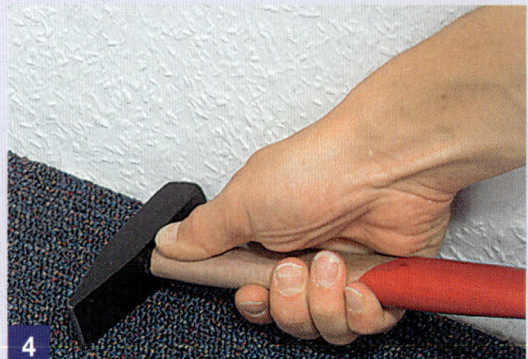

4

Der Teppichboden wird über die Klebebänder gerollt und mit einem abgerundeten Brett oder der Hammerseite angerieben

5

Müssen Teppichbahnen aneinandergesetzt werden, legt man sie zunächst in gleicher Florrichtung überlappend aneinander

6

Die Bahnen werden mit dem Doppelschnitt durchtrennt, sodass ein sauberer Stoß entsteht. Die Fixierung erfolgt mit Klebeband

Wohnung einzusetzen, da hierbei für längere Zeit Krebs erregende Gase entweichen können. Wer sich aber im Baumarkt umschaut, findet reichlich Alternativen. Lösemittelfreie Dispersionskleber für Teppichbeläge gehören mittlerweile zum Standardprogramm. Ganz ungeschoren kommen in der Diskussion um Gesundheitsrisiken allerdings auch die alternativen Klebstoffe nicht davon.

Achtung Weichmacher

So wird Dispersionsklebern etwa angekreidet, dass sie zu viel Weichmacher enthalten, die ebenfalls schädliche Auswirkungen auf den Körper haben können. Ob sich diese Menge an Weichmachern in der Alltagsbilanz tatsächlich niederschlägt, da man ohnehin tagtäglich von zahlreichen Produkten umgeben ist, die ebenfalls Weichmacher enthalten, ist umstritten. Der Weichmacher Diethylhexylphthalat (DEHP) beispielsweise ist in Kunststoffprodukten wie Textilien, Spielzeug, Lebensmittelverpackungen, Kosmetika, Medizinprodukten und Automobilteilen wie Verkleidungen und Armaturen enthalten. Trotzdem ist es ratsam, beim Kauf eines Klebers nicht gleich zum günstigsten Produkt zu greifen, sondern sich erst einmal umfassend zu informieren. Einschlägiges Hintergrundwissen und aktuelle Tipps geben beispielsweise einschlägige Verbraucherinstitutionen heraus. Daneben lassen sich regelmäßig Zeitschriften finden, die Testberichte zu Klebstoffen anbieten.

Schweres rutscht nicht

Liegt der Teppichboden nach dem Verlegen fest und sauber in einem gesundheitlich unbedenklichen Klebebett, ist der größte Teil der Arbeit getan. Aufwendig wird es erst dann wieder, wenn man beispielsweise zur

Variante 2: Vollflächig verkleben

1

Klebstoff- oder Teppichreste alter Bodenbeläge lassen sich am einfachsten mit einem herkömmlichen Elektroschaber entfernen

2

Saugende und sandende Untergründe werden dann grundiert. Dabei sollten Sie möglichst lösemittelfreie Produkte verwenden

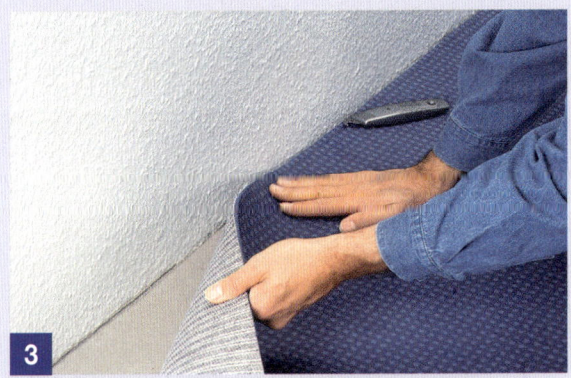

3

Beim losen Auslegen des Bodenbelags muss die Laufrichtung der einzelnen Bahnen beachtet werden. Dann erfolgt der Zuschnitt

4

Anschließend rollen Sie die Bahnen zurück und tragen den fertigen Klebstoff unter Beachtung der Abbindezeiten abschnittsweise auf

5

Kleber und gebrauchsfertige Fixierungen werden mit einem Zahnspachtel verteilt. Die Zahnung richtet sich nach dem Belag

6

Herstellerhinweise zur Zahnung lassen sich auf der Kleberpackung finden. Der Belag kann nach ca. 10 Minuten ins Klebebett gelegt werden

Variante 2: Vollflächig verkleben

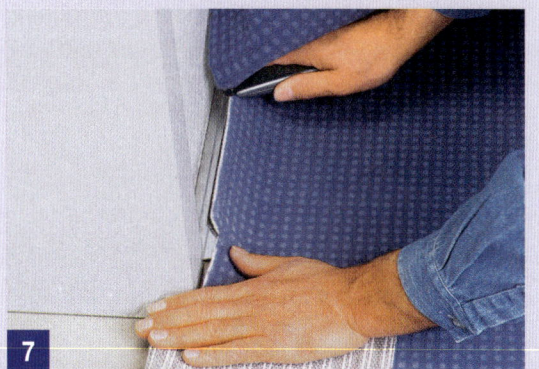

7

Beim Verkleben sollte man den Teppichboden immer kräftig andrücken, nur so ist
sichergestellt, dass er auch gut haftet

8

Eine Führungsschiene aus Metall und ein
Teppich- bzw. Cuttermesser mit scharfen
Klingen helfen beim Zuschneiden

9

An Ecken und Kanten muss man sorgfältig
arbeiten: Die Bahnen werden überlappend
ausgelegt und gemeinsam durchtrennt

Miete wohnt und den Belag beim Auszug
entfernen muss. Wer dieser Anstrengung
vorbeugen will, sollte von vornherein auf das
Verkleben verzichten und den textilen Belag
nur an einigen Stellen mit Klebeband befestigen. Bei Räumen, die kleiner sind als 25 m²,
stellt diese Befestigungsart meist kein Problem dar. Grundsätzlich gilt: Je mehr Gewicht
ein Bodenbelag auf die Waage bringt, desto
weniger kann er verrutschen, auch nicht bei
loser Verlegung. Für ein sauberes Verlegebild
sorgen Fußleisten, die mögliche Unregelmä-
ßigkeiten des Randschnitts überdecken. An
den Übergängen zu anderen Bodenbelägen
setzt man meist Profile aus Aluminium ein.

▶TIPP

Gesundheitsgefahr
bei alten Klebstoffen

Eines der Probleme, die alte Bodenbeläge
mit sich bringen können, befindet sich unter ihrer Rückseite: der Kleber. Insbesondere
Klebstoffe, die vor Jahrzehnten produziert
wurden, enthalten nachweislich giftige
Substanzen in unterschiedlichen Dosen. Vor
allem in der Zeit von 1900 bis 1970 wurden
beispielsweise Parkett und PVC-Platten mit
Teer- oder PCB-haltigen Klebern verlegt.
Diese sind an ihrer bräunlichen oder auch
gelblichen Farbe zu erkennen. Aufschluss
über Gefahrenstoffe unter alten Belägen
gibt eine Staubanalyse, die von Fachleuten
durchgeführt werden muss. Heutzutage
sind es vor allem lösemittelhaltige Kleber,
die im Ruf stehen, gesundheitsschädliche
Ausgasungen abzusondern. Achten Sie also
darauf, lösemittelfreie Dispersionskleber
zu verwenden. Bei der großen Auswahl auf
dem Markt ist das kein Problem.

Gut verlegte Teppichfliesen bieten einen schönen Anblick. Umso besser, wenn auch die Klebstoffe, die beim Verlegen zum Einsatz gekommen sind, nicht unangenehm ausdünsten

Nur Ausrollen reicht auch

Für diejenigen Bauherren oder Renovierer, die große Räume mit Teppichboden auslegen, aber auf die Verklebung verzichten wollen, ohne das Risiko eines textilen Wellenschlags einzugehen, gibt es interessante Alternativen: Teppichböden, die eigens dafür entwickelt worden sind, um lose verlegt zu werden – und auch lose gut liegen zu bleiben. Der hier gezeigte textile Belag lässt sich bis zu einer Fläche von 50 m² lose verlegen. Selbst Klebeband ist nach Herstellerangaben nicht zwingend nötig, um diesen Bodenbelag an Ort und Stelle zu halten.

Synthetische Fasern

Das Garn der Oberseite, das sogenannte Polmaterial, besteht aus Polyacryl. Der Träger

Dieser Teppichboden lässt sich in Räumen bis zu 50 m² lose verlegen: Man rollt ihn einfach aus, schneidet ihn zu, fertig. Ebenso schnell lässt sich der Bodenbelag bei Bedarf wieder entfernen

ist aus Polypropylen gefertigt. Die Teppich-bahnen weisen eine Breite von 500 cm und eine Höhe von 8,2 mm auf, wobei die Polhöhe 3,7 mm beträgt. Der Teppichboden ist somit ein weicher und rückenschonender Belag, der auch eine gute Trittschalldämmung von 24 dB erzielt. Als Untergrund für den Teppichboden eignen sich Estrich, Parkett, Laminat, PVC und Linoleum. Es sollten jedoch keine größeren Unebenheiten vorhanden

sein, der Untergrund darf nicht porös oder dreckig sein. Eventuelle Öl-, Wachs-, Lack- und Farbreste sowie Überreste von Putzmitteln müssen sorgsam entfernt werden. Bei mine-ralischen Untergründen empfiehlt sich eine Grundierung sowie eine Vorbehandlung mit einer dafür geeigneten kunstharzvergüteten Spachtelmasse. Das Verlegen ist hauptsäch-lich Maßarbeit. Der Teppich wird zunächst mit Überstand zu den Wänden auf den

Teppichboden ausrollen

1 Rollen Sie die Teppichbodenbahn zunächst mit Überstand bis zur Wand aus, dabei müssen Sie die Fensternischen berücksichtigen

2 Dann messen Sie die Nischen aus, auch an Balkontüren oder Kaminen. Dann kann der Teppich rückwärtig eingeschnitten werden

3 Der Teppichboden bleibt über Nacht liegen, damit er sich akklimatisiert. Entlastungsschnitte verhindern, dass er sich verzieht

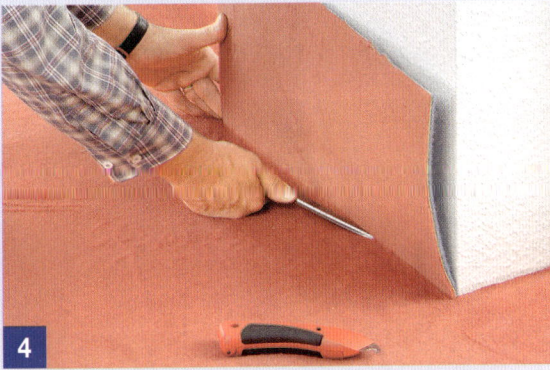

4 Am nächsten Tag erfolgt dann der exakte Zuschnitt. Dazu drückt man den Teppich fest in den Winkel zwischen Wand und Boden

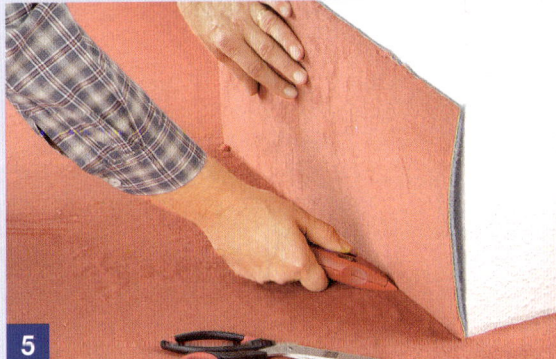

5 Anschließend werden die Überstände mithilfe eines Cuttermessers mit etwa 5 bis 8 mm Abstand zur Wand sauber abgeschnitten

6 Unter Heizkörpern misst man den Abstand zwischen Rohren und Wand aus und markiert diesen auf der Rückseite des Belags

Rundum exakt einpassen

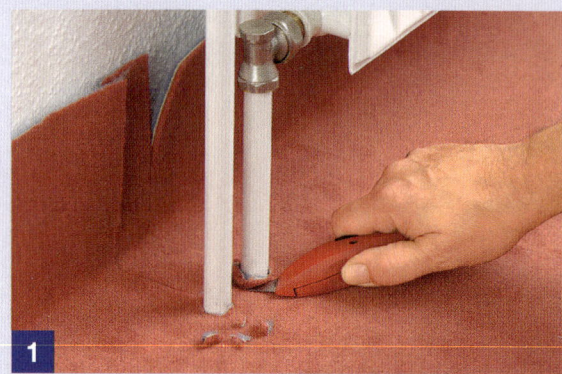

1

Mit dreieckig zulaufenden Schnitten werden die Rundungen grob freigeschnitten. Der Feinschnitt erfolgt erst am nächsten Arbeitstag

2

An Türzargen schlägt man den Teppich um, schiebt ihn ans Holz heran und schneidet ihn mit dem Cuttermesser Stück für Stück zu

3

Damit der Unterboden nicht durch die Klinge beschädigt wird, sollte man eine Zulage, z. B. ein Brett, unter die Schnittstelle legen

4

Befinden sich Fugen im Estrich, sollte man ein Profil einsetzen. In diesem Fall ist ein Übergangsprofil genau die richtige Wahl

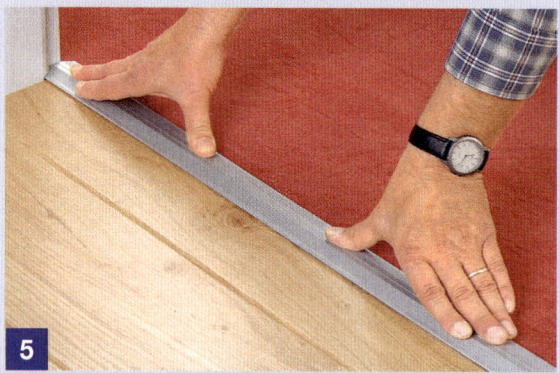

5

Günstig sind zweiteilige Profile. Das Trägerprofil wird aufgeschraubt, der Belag zugeschnitten und das Dekorprofil aufgesteckt

6

Mit doppelseitigem Klebeband lassen sich die passend zum Teppichboden ausgewählten Sockelleisten schnell und sicher befestigen

Boden ausgelegt. Dann müssen alle Nischen ausgemessen werden, um den Belag entsprechend zuschneiden zu können. Entlastungsschnitte werden nach dem Ausrollen vorgenommen, die Überstände sollten aber erst am nächsten Tag abgeschnitten werden. Falls sich der Boden nämlich noch ans Raumklima gewöhnen muss und dabei verzieht, liegt der Teppich nach Zuschnitt ohne Akklimatisierung nicht mehr vollflächig aus, dieser Anblick würde die Freude am neuen Bodenbelag erheblich dämpfen. Auch wenn Heimwerkern die lose Verlegung bei diesem Produkt zu empfehlen ist, so sei darauf hingewiesen, dass sich der Teppichboden auch klassisch mit Klettband, Fixierung oder Klebstoff verlegen lässt. Wer seine Treppenstufen mit dem Teppichboden belegen möchte, sollte die zugeschnittenen Stücke auf jeden Fall vollflächig mit Dispersionsklebstoff verkleben, damit sie später nicht verrutschen und die Treppengänger womöglich noch ins Stolpern bringen. Auch das Entfernen des Teppichbodens geht schnell von der Hand: Es dauert nur wenige Minuten.

Teppichfliesen auslegen

Damit ein textiler Belag ohne Kleben oder Fixierung vernünftig ausliegt, muss er nicht unbedingt Rollenware sein. Es gibt auch Teppichfliesen, die ohne Hilfsmittel auf dem Boden dauerhaft eine gute Figur machen. Die auf den folgenden Seiten gezeigten 50 x 50 cm großen Fliesen bestehen aus eingefärbten Ziegenhaaren und Schurwolle, die gleichmäßig zu einem Vlies gemischt und dann rippenartig auf einen Träger aus Glasvlies geklebt werden. Das Glasvlies ist mit einer Schwerbeschichtung versehen, die dafür sorgt, dass die Fliesen von alleine fest liegen. Klebstoff und Klebeband sind hier nicht nur überflüssig, sondern dürfen auch nicht verwendet werden. Klebstoff und Fliesenrücken könnten sonst unerwünschte chemische Reaktionen zeigen. Durch das Klebpolverfahren, mit dem die Haare und Wolle auf den Träger geklebt werden, franst das Material praktischerweise beim Zuschnitt nicht aus, auch nicht, wenn man Rundungen schneiden

▶**TIPP**

Naht verkleben

Bahnenware ist zwar bereits fünf Meter breit, für manche Räume aber immer noch zu schmal. Müssen daher zwei Bahnen nebeneinander verlegt werden, empfiehlt der Hersteller für den Nahtbereich ein Spezialklebeband, das die Teppichbahnen verbindet, jedoch nicht am Untergrund klebt. Hierfür legen Sie die Bahnen an den Längsseiten überlappend übereinander und schneiden mit Cutter und großer Hakenklinge beide Bahnen entlang einer Metallschiene auf einmal durch. Schlagen Sie dann eine Bahn im Nahtbereich zurück und schieben das Spezialklebeband mittig bis unter die andere Teppichbodenbahn. Wichtig: Das Klebeband muss parallel zur Naht liegen. Nun können Sie das Schutzpapier entfernen und die eine Teppichbahn im Nahtkantenbereich fest anreiben. Legen Sie anschließend das Schutzpapier auf die freie Hälfte des Klebebandes, sodass der Klebstoff dort wieder bedeckt ist. Lassen Sie das Schutzpapier aber im Nahtbereich etwa 15 cm überstehen, damit Sie es nach dem Auflegen der zweiten Teppichbahn auch herausziehen können. Legen Sie dann die zweite Bahn auf und richten beide Teppichbodenbahnen im Nahtbereich so aus, dass sie eng aneinander liegen. Danach ziehen Sie das Schutzpapier von der Mitte des Raumes ausgehend zu beiden Seiten langsam und abschnittsweise heraus. Nun können Sie die zweite Bahn fest andrücken.

Teppichfliesen verlegen

5 Sind Zuschnitte nötig, etwa in Nischen, geht das leicht vonstatten. In Naht- und Randbereichen fransen diese Spezialfliesen nicht aus

6 Allerdings sollten die zugeschnittenen Stücke nicht zu klein werden, sonst nimmt man sie beim Staubsaugen aus Versehen wieder auf

Teppichfliesen verlegen

1 Verlegen Sie die Fliesen nur in einem einzelnen Raum und haben dort ein zentrales Muster eingeplant, beginnen Sie in der Mitte

2 Nun messen Sie den Abstand der Fliese bis zur Wand. Die Fliesen sollten möglichst ohne Zuschnitt fertig ausgelegt werden

3 Wichtig ist, dass die Fliesen im Schachbrettmuster verlegt werden, also um 90 Grad versetzt von der Raummitte nach außen

4 Das textile Material ist so gefertigt, dass es ohne Klebstoff auf dem Untergrund hält. Die Platten werden nur lose aufgelegt

7 Die Fliesen aus Ziegenhaar und Schurwolle sind rasch zu verlegen, die natürlichen Fasern verbessern spürbar das Raumklima

muss. Wichtig: Vor dem Verlegen müssen sich die Teppichfliesen ausreichend akklimatisieren. Daher sollte man das Material vorher gestapelt, aber ausgepackt, 24 Stunden bei Raumtemperatur ruhen lassen. Besteht der Untergrund aus altem Linoleum oder PVC, ist unter den Teppichfliesen eine Sperrschicht aus Packpapier oder PE-Folie erforderlich.

Farbflecken im Teppichboden

Es ist schon ärgerlich, wenn ein Marmeladebrot mit der bunten Seite nach unten auf den Boden fällt oder ein Glas umkippt und sein Inhalt als hässlicher Fleck auf dem Teppich zurückbleibt. Bevor man jedoch den kompletten Belag herausreißt, sollte man über eine weniger aufwendige Reparatur nachdenken. Dabei wird nur die beschädigte Stelle ausgeschnitten und durch einen Flicken ersetzt. Für eine solche Reparatur sollte man sich grundsätzlich ein Stück des Originalteppichs zurückbehalten. Als Werk-

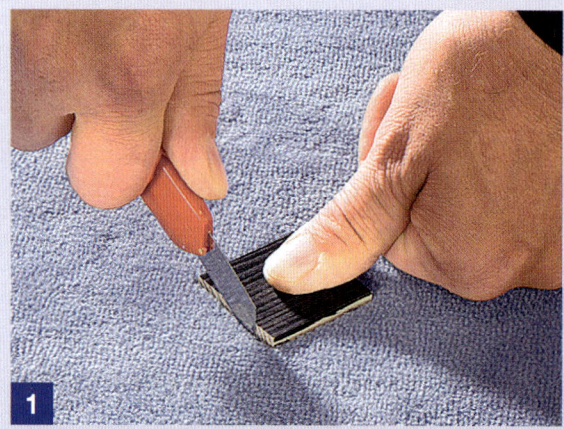

1 Das Reparaturstück wird passend ausgeschnitten und auf den Fleck gelegt

2 Dieser wird exakt an den Kanten des Teppichflickens entlang ausgeschnitten

3 Mit dem Stechbeitel werden danach Kleberreste entfernt und die Kanten gesäubert

4 Das Reparaturstück, mit doppelseitigem Klebeband versehen, in das Loch einpassen

5
Ist der Flicken in Florrichtung eingeklebt, muss man schon genau hinschauen, um die Reparatur jetzt noch zu erkennen

zeug benötigt man bei dieser Reparatur nur ein scharfes Trapezmesser, mit dem exakte Schnitte im Teppich möglich sind.

Brandlöcher aus dem Teppich- boden entfernen

TIPP 43

Hat eine Zigarette auf dem Teppichboden ihr Leben ausgehaucht, ist das unschön, kann jedoch elegant und unsichtbar repariert werden. Durch die runde Form des Brandlochs kann man sowohl zum Ausstanzen des Flecks wie des Flickens ein Locheisen benutzen.

1
Das Zigaretten-Brandloch wird mit einem scharfen Locheisen (aus dem Eisenwaren- geschäft) in passender Größe ausgestanzt

2
Mit dem selben Locheisen wird das Er- satzstück ausgestochen. Eine untergelegte Holzplatte schützt hier den Teppich

3
Der Rest ist jetzt echte Puzzlearbeit: Der Flicken muss in Florrichtung eingeklebt werden, sonst fällt er sofort ins Auge

Estrich-risse schließen

Die Wände und Decken eines Hauses sind in ständiger Bewegung. Auch wenn sie nur minimal ausfällt, kann es zu Spannungen und oft auch zu Rissen im Material kommen. Sind große Setzrisse vorhanden, die durch die gesamte Estrich-oberfläche hindurchgehen, müssen sie in jedem Fall beseitigt werden, bevor der Oberboden verlegt wird.

Oft treten Risse erst zu einem späteren Zeitpunkt auf, was zu Schäden im Ober-belag führt, vor allem bei keramischem Material. Bevor dann der Belag erneuert wird, muss auch hier der Estrich repariert werden. Ansonsten wird man keine lange Freude an den neuen Fliesen oder dem neuen Parkett haben.

Risse im Estrichmörtel können nicht einfach mit Fliesen- oder Parkettkleber zugeschmiert werden, man muss sie mit einer speziellen Flüssigkeit verschließen. Dabei handelt es sich um ein Zweikom-ponenten-Gießharz (Epoxid- oder Acrylat-harz). Mehrere Hersteller bieten derartige Reparatursysteme an. Viele Produkte erhält man allerdings nur im Fachhandel. Zusätzlich müssen diese Risse mit Estrich-klammern versehen werden. Die Schad-stelle sollte zum Schluss unbedingt mit Sand bedeckt werden, um die Haftung von zum Beispiel Fliesenkleber zu ermöglichen. Danach kann gefahrlos der neue Oberbo-den verlegt werden.

1 Mit einem Meißel werden die entstandenen Risse ein wenig ausgekratzt, damit das Gießharz später leichter eindringen kann

4 Gießharz (rechts) und Härter (links) werden im auf der Packung angegebenen Verhältnis angemischt. Auf die Raumlüftung achten

7 Die Estrichklammern werden daraufhin in die mit Harz gefüllten Schlitze gelegt und nochmals mit dem Gießharz übergossen

2

Um nachher Estrichklammern einbringen zu können, werden daraufhin mit einem Winkelschleifer mehrere Querschlitze geschnitten

3

Danach werden alle entstandenen Risse und Schlitze mit einem Staubsauger oder Besen sorgfältig vom Staub gereinigt

5

Anschließend werden die Risse aufgefüllt. Beim Arbeiten mit Gießharz darauf achten, immer Gummihandschuhe zu tragen!

6

Bei besonders breiten Rissen kann Quarzsand in die Harzmischung gegeben werden. Das ergibt eine zähflüssigere Konsistenz

8

Mit einem Spachtel wird anschließend überschüssiges Gießharz abgetragen und die verschlossenen Risse dadurch geglättet

9

Abschließend streut man auf alle ausgegossenen Risse ein wenig Quarzsand für bessere Haftung und lässt sie vollständig trocknen

Grundkurs Parkett und Laminat verlegen

TIPP 45

Für das Verlegen von Holzböden gibt es verschiedene Techniken. Verkleben hält gut, ist aber aufwendig. Schneller geht es mit der Klicktechnik.

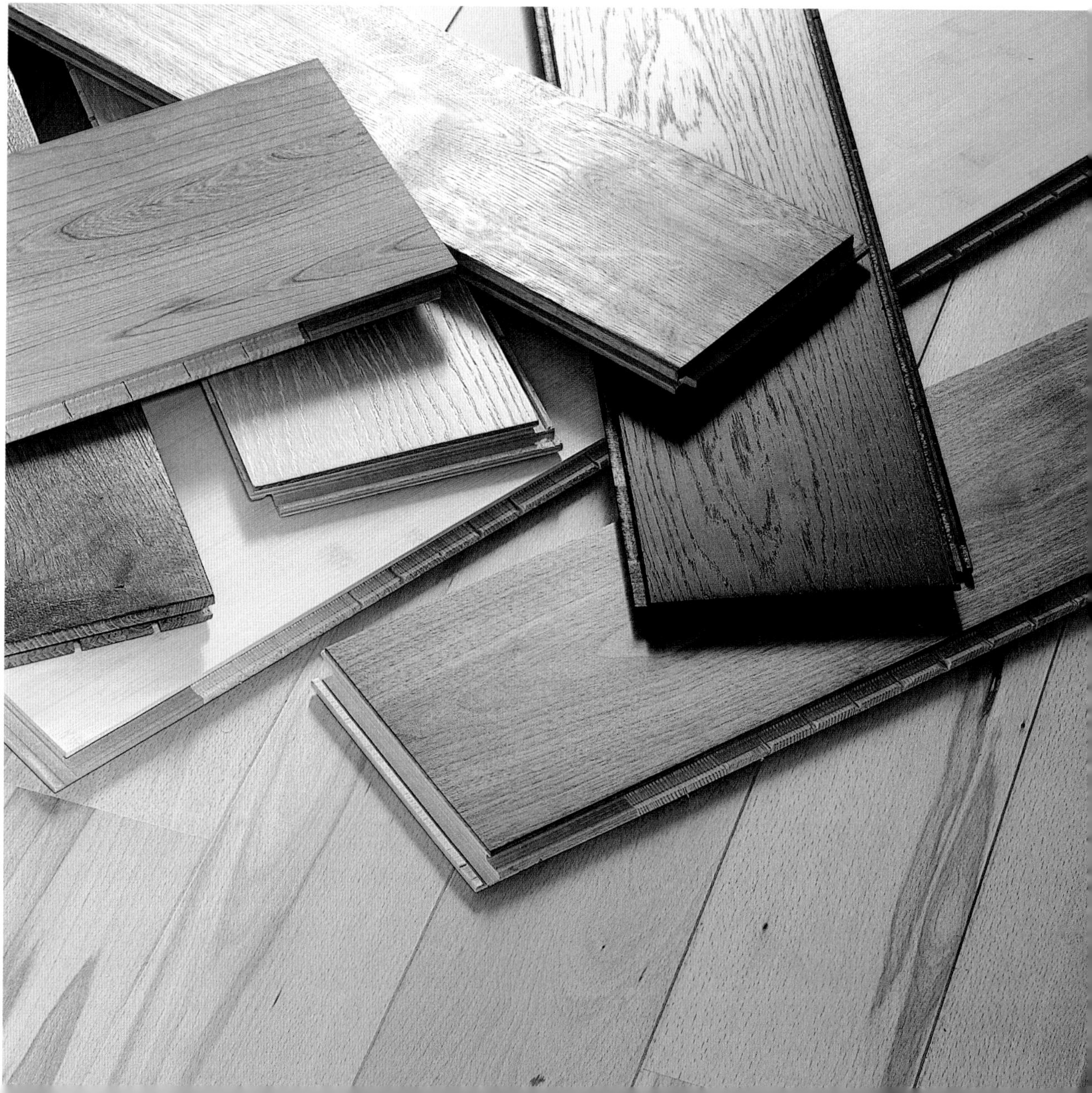

Holz ist ein Naturstoff. Auf Feuchtigkeitsschwankungen reagiert er mit Änderungen seines Volumens. In trockener Luft schrumpft er, in feuchter Luft dehnt er sich aus. Bei der Verarbeitung des Rohstoffs Holz zum fertigen Bodenbelag sorgen die Hersteller zwar dafür, dass das Quellen und Schwinden des Holzes – das sogenannte „Arbeiten" – zu einem großen Teil eingedämmt wird. Völlig verhindern lässt es sich aber nicht. Wer also seinen neuen Fußboden auf lange Sicht in Form halten will, sollte diese Eigenschaft beim Verlegen beachten. Das beginnt schon mit dem Lagern der gekauften Ware: Vor dem eigentlichen Verlegen sollte sich der Holzboden zwei bis drei Tage unverpackt in dem Umfeld akklimatisieren, in dem er später liegen wird. Eine Dehnungsfuge von 10 bis 15 mm zu allen Wänden gibt dem Boden den

▶TIPP

Problemfall Lösemittel

Erfahrungsgemäß verarbeiten einige Fachleute immer noch lösemittelhaltige Parkettflächenkleber in der Überzeugung, was nicht rieche, tauge auch nichts. Diese Einschätzung ist jedoch falsch, denn gerade lösemittelhaltige Klebstoffe bieten oft eine geringere Festigkeit und neigen zum Verspröden. Moderne Qualitäts-Parkettkleber sind dagegen nicht nur leistungsfähiger, sondern vor allem auch wasser- und lösemittelfrei. Vorteil für den Kunden: Die Verarbeitung ist auch bei empfindlichen Parkettsorten völlig problemlos. Schließlich kann der Bodenbelag „ohne Wasser" im Kleber auch nicht aufquellen. Außerdem eignen sich wasserfreie Flächenkleber für so gut wie jeden Untergrund. Nur bei alten, eventuell sogar rissigen Untergründen sollte besser ein Profi zu Rate gezogen werden.

Parkett verkleben

1

Der Kleber wird mit einer Zahnkelle aufgetragen. Die Zahnung hängt vom eingesetzten Klebstoff und vom Bodenbelag ab

2

Die Dielen- oder Parkettelemente werden kräftig ins Klebstoffbett gedrückt, damit die Rückseite vollflächig benetzt wird

3

Nun werden die Elemente mit Schlagklotz und Hammer zusammengeklopft. Die Dehnungsfuge zur Wand beträgt 15 mm

Freiraum, den er zum „Arbeiten" braucht. In Feuchträumen machen Holzböden trotz alledem auf Dauer keine gute Figur.

Vor - und Nachteile abwägen

Beim Kauf eines neuen Holzbodens kann sich der Heimwerker in vielen Fällen zwischen zwei Verlegearten entscheiden: Kleben oder Klicken. Beide Techniken besitzen ihre Vor- und Nachteile. Ein vollflächig verklebtes Parkett schränkt das „Arbeiten" des Holzes sehr effektiv ein und dämpft zudem die Trittschallgeräusche, ohne dass eine separate Trittschallmatte unter den Oberboden gelegt werden muss. Bei schwimmend verlegtem Parkett oder Laminat hingegen muss der Heimwerker diesen zusätzlichen Arbeitsschritt meist noch ausführen. Dafür geht das Verlegen der einzelnen Elemente in diesem Fall einfacher von der Hand als beim Verkleben auf ganzer Fläche. Je nach Art des Holzbodens entfällt die Wahlfreiheit ohnehin: Manche Holzböden, darunter verschiedene Formen von Massivparkett, müssen von vornherein fest mit dem Untergrund verklebt werden. Massive Dielen lassen sich ebenfalls gut verkleben, wenn auch die gängige Methode darin besteht, die Holzelemente auf eine Unterkonstruktion zu schrauben. Wer beim Abschleifen seines Holzbodens auf Nummer Sicher gehen möchte, sollte den Belag ebenfalls besser verkleben, das gilt auch für Fertigparkett. Als schwimmend verlegter Boden verhält sich dieses beim Auffrischen zuweilen problematisch, da es sich unter der Last der Schleifmaschine stärker verwinden kann als die verklebte Variante.

Die Klebstoffauswahl ist groß

Zum Verkleben von Parkett und Dielen stehen verschiedene Klebstoffe zur Verfügung.

Waagerecht klicken und schlagen

Bei dem hier gezeigten Klicksystem schiebt man das neue Element waagerecht an ein liegendes Element heran und schlägt die Längs- und Kopf- bzw. Stirnseiten ineinander. Gleiten manche Elemente schwer ineinander, sollte man mit viel Fingerspitzengefühl zu Werke gehen, um Nut und Feder zu schützen. Die Elemente lassen sich problemlos unter Türzargen, Heizkörpern oder Treppen verlegen.

Schräg klicken mit viel Druck

In diesem Beispiel werden die Längs- und Stirnseiten der Elemente mit nur einer Bewegung zusammengeklickt. Diese Art der Verriegelung verlangt etwas Nachdruck, unter Umständen muss man also Hammer und Schlagklotz einsetzen, um das Element von oben in das liegende einzufügen. Unterm Strich stellt diese Vorgehensweise jedoch eine einfache Variante dar, den Boden zu verlegen.

Klicken und schlagen

Manche Elemente lassen sich sowohl schräg als auch waagerecht ineinanderfügen. Üblich ist es, die Elemente Reihe für Reihe zunächst an den Stirnseiten zusammenzuklicken und anschließen die gesamte Reihe in die vorherige schräg einzuhebeln. Lässt sich diese Strategie an bestimmten Stellen, etwa an Türzargen, nicht umsetzen, werd die Elemente mit einem Schlagklotz waagerecht zusammengefügt.

Reihe für Reihe schräg klicken

Hier wird jedes Element an der Stirnseite in ein bereits liegendes Element gehebelt. Dabei hebt man das liegende zunächst an der Längsseite leicht an. Sind die Stirnseiten zusammengefügt, drückt man beide Elemente bzw. am Ende die ganze Reihe gegen die vorherige Reihe und hebelt sie schräg längs ineinander. Bei dieser Art der Verlegung ist eine zweite Person sehr hilfreich.

Klicksysteme für Laminat und Parkett im Überblick

An Nut und Feder verleimen

1

Klassisches Fertigparkett und Laminat werden an Nut und Feder verleimt. Der Auftrag erfolgt mittels einer Dosierflasche

2

Ist der Leim aufgetragen, wird direkt das nächste Element angefügt. Heraustretender Leim wird feucht abgewischt

Früher wurden hauptsächlich physikalisch abbindende Kleber verwendet. Dazu zählen Lösemittel- und Dispersionsklebstoffe. Sie binden durch Verdunstung des Lösemittels beziehungsweise des Wassers ab. Die einzig richtige Wahl für einen Klebstoff gibt es nicht. So stellen Lösemittelklebstoffe, beispielsweise Kunstharzkleber, zwar schnell zuverlässige Verbindungen her, dünsten aber während der Verarbeitung gesundheitsschädliche Lösemittel aus. Dispersionsklebstoffe sind dagegen emissionsarm und geruchsneutral, jedoch kann das enthaltene Wasser den Holzboden zum Quellen bringen und Haftungsprobleme nach sich ziehen. Außerdem benötigen Dispersionsklebstoffe mehr Zeit zum Abbinden, sodass die verklebten Elemente nicht so bald nach dem Verlegen betreten werden können.

Verlegen leicht gemacht

Die meisten Fertigparkett-Elemente werden von den Herstellern für eine schwimmende Verlegung empfohlen. Die einzelnen Elemente werden dabei üblicherweise nur an Nut und Feder verleimt. Mittlerweile hat sich jedoch die moderne Klicktechnik durchgesetzt, bei der die einzelnen Elemente ohne Leim ineinandergefügt werden. Ein großer Vorteil: Bei zukünftigen Renovierungen oder beim Auszug kann der Klickboden wieder aufgehoben und an neuer Stelle ausgelegt werden. Je hochwertiger das Fertigparkett oder Laminat, desto weniger Schwierigkeiten ergeben sich dabei. Fingerspitzengefühl ist beim Verklicken trotzdem erforderlich. Ganz so leicht, wie es die Hersteller versprechen, geht diese Art der Verlegung in der Realität nicht unbedingt immer über die Bühne. Das gilt insbesondere dann, wenn es sich bei dem Belag um ein billiges Produkt mit großzügigen Maßtoleranzen handelt.

Die Mühe, einen Holzboden selbst zu verlegen, zahlt sich umso mehr aus, wenn man die richtigen Tricks kennt, um auch schwierige Stellen gut zu meistern. Gute Pflege erhält den Wert des Bodens

Neue Systeme: Rascher geklickt

Wer seinen Holzfußboden mithilfe der Klicktechnik zusammenfügt, ist in der Regel schneller fertig, als wenn er die Elemente auf voller Fläche verklebt. Doch Klicken ist nicht gleich Klicken. Das zeigen immer wieder praktische Tests der auf dem Markt befindlichen Systeme. Zudem entwickeln die Hersteller von Zeit zu Zeit Innovationen, die das Verklicken noch einfacher gestalten sollen.

Die Auswahl der verschiedenen Systeme wird also beständig größer, aber nicht in jedem Fall wird wirklich etwas Besseres angeboten. Der genaue Blick lohnt daher. Das hier vorgestellte Verriegelungssystem besitzt jedoch einen technischen Clou, der die Klickverbindung tatsächlich leichtgängiger einrasten lässt. Der Trick für den Klick steckt in der Nut: An den Stirnseiten der Parkettelemente ist eine Kunststofffeder eingearbeitet. Diese schnappt zu, sobald zwei Stirnseiten ineinan-

Der Trick mit dem Klick

1

Hersteller lassen sich immer wieder neue Möglichkeiten einfallen, um das Verlegen von Holzböden zu erleichtern. Dieses Produkt ist auch von Laien gut zu verlegen

2

Es handelt sich um geöltes Fertigparkett mit einer Stärke von 13,5 mm. Die Nutzschicht ist 3,5 mm dick und besteht aus Eichenholz

3

Die gut erkennbare, schwarze Kunststofffeder an den Stirnseiten ist der technische Clou der leicht zu handhabenden Klickverbindung

dergefügt werden. Damit entfällt ein lästiges Anheben bereits liegender Elemente, ebenso das oftmals mühsame Klopfen mit Hammer und Schlagklotz. Stattdessen setzt man jedes Element dicht an die schon liegenden Elemente an und drückt es einfach nach unten. Sowohl Stirn- als auch Längsseiten werden auf diese Weise in einem Durchgang zusammengefügt. Ein großer Kraftaufwand ist für diesen Arbeitsschritt nicht erforderlich: Man kann das jeweilige

▶TIPP

Gehrungslade

Die schrägen Sockelleisten lassen sich am einfachsten auf Gehrung schneiden, wenn Sie die Befestigungsclips an einer selbstgebauten Gehrungslade festschrauben und die Leiste beim Zuschnitt aufstecken.

Fertigparkett verlegen

1 Zuerst kommt die Schalldämmung: Die Tritt-schallmatte wird mit einem Überstand von ca. 2 cm wannenförmig im Raum ausgelegt

2 Die Matte wird zur Wand hin unter einem verkehrt herum gelegten Parkettelement hindurchgezogen und umgeklappt

3 Dann wird der Überstand der Trittschallmatte markiert und mit einem Cutter an einem Lineal entlang entsprechend abgeschnitten

4 Die Verlegung sollte in der rechten Ecke des Raumes in Längsrichtung zur Hauptlichtquelle beginnen. Die Nutseite zeigt zur Wand

Element mit dem kleinen Finger und nur leichtem Druck einfügen. Wenn die Feder hörbar klickt und dabei einrastet, ist die Verbindung schnell und einfach hergestellt.

Etwas Puzzlearbeit bleibt

Allerdings hat auch diese Leichtigkeit unter Umständen schnell ihre Grenzen – und zwar dann, wenn sich am Ende einer Elementreihe eine Türzarge inklusive Tür befindet. Um das

Parkett unter der Zarge zu verlegen, müsste man diese so weit kürzen, dass das letzte Element der Reihe noch im 30-Grad-Winkel eingehebelt werden kann. Zwischen Türzarge und Parkettboden wurde dadurch eine sehr große, vertikale Fuge entstehen. Um das zu verhindern, kann man die Elemente eigentlich nur bis an die Türzarge heranlegen und muss dann eine Dehnungsfuge von etwa 10 bis 15 mm Breite vorsehen. Ein solcher umlaufender Spalt zwischen Wand und Bodenbelag

Elemente zuschneiden

1 Häufig muss die letzte Diele einer Reihe zugeschnitten werden. Der Wandverlauf gibt beim Anzeichnen die exakte Schnittlinie vor

2 Um Kreuzfugen auszuschließen, sollte man mindestens 40 cm Versatz einplanen und mit dem Reststück in Reihe zwei beginnen

5 Hier werden die genauen Schnittlinien sorgsam markiert. Verlaufen die Wände schräg, sollte man keinen Anschlagwinkel verwenden

6 Ein sauberer Zuschnitt der einzelnen Parkettelemente lässt sich am besten mit einer elektrischen Stichsäge durchführen

9 Damit die Sockelleisten auch wirklich sauber um Wandecken und Vorsprünge verlaufen, werden sie auf Gehrung geschnitten

10 Clips, die auf die Leisten von oben gesteckt werden, sorgen auch an schiefen Wänden für einen sicheren Halt der Sockelleisten

Elemente zuschneiden

3 Das neue Element wird an Stirn- und Längsseiten dicht angelegt und nach unten gedrückt. Die Feder muss dabei hörbar einrasten

4 Auch beim Zuschnitt der Elemente an Wandvorsprüngen sollte man immer einen Dehnungsabstand von 15 mm berücksichtigen

7 Verwendet man eine Handsäge, sollte man das Element fest einspannen und Keile einfügen, bevor man die Verlegung fortführt

8 Die Befestigungsclips für die Sockelleisten sollten mindestens alle 40 bis 50 cm umlaufend an den Wänden angebracht werden

lässt sich an einer Türzarge nur schlecht mit Sockelleisten abdecken. Dieses Problem lässt sich auf zwei Arten lösen: Entweder die Fuge bleibt offen, oder sie wird mit Acryl, Silikon oder Korkdichtmasse geschlossen.

Laminat leicht gemacht

Das schräge Ansetzen der Elemente stellt die häufigste Spielart beim Verklicken dar. Systeme, die eine waagerechte Verlegung ermöglichen, sind eher selten. Geht es um die Verlegung des Belags auf reinen Flächen ohne störende Zargen, niedrig angebrachte Heizkörper oder Treppen, gelingt das schräge Einhebeln in der Tat schneller als das waagerechte. Bei dem zuvor gezeigten Fertigparkett-System brauchte man außer einer Säge zum Kürzen der Elemente kaum Werkzeug, insbesondere keinen Hammer und Schlagklotz. Auch für das jetzt gezeigte zweite Verlegesystem – in diesem Fall handelt es

Laminat rasch verklickt

1 Dieses Laminat verfügt über keine Kunststofffeder wie das zuvor gezeigte Fertigparkett, ist aber dennoch recht schnell montiert

2 Im Neubau mit hoher Restfeuchte und auf Decken zu unbeheizten Räumen muss eine PE-Folie als Dampfbremse ausgelegt werden

5 Die folgenden Laminatelemente der ersten Reihe werden durch Einschieben an den Stirnseiten vorsichtig ineinander gefügt

6 Das letzte Laminatelement wird gegebenenfalls gekürzt, bei einer Mindestlänge von 40 cm dient es als Anfangsstück von Reihe zwei

9 An Türdurchgängen und Estrichfugen sind Dehnungsfugen vorzusehen. Die Übergänge werden später durch Schienen verdeckt

10 Nun werden die Löcher für die Befestigungs- und Übergangsschienen gebohrt. Dann können die Schienen festgeschraubt werden

Laminat rasch verklickt

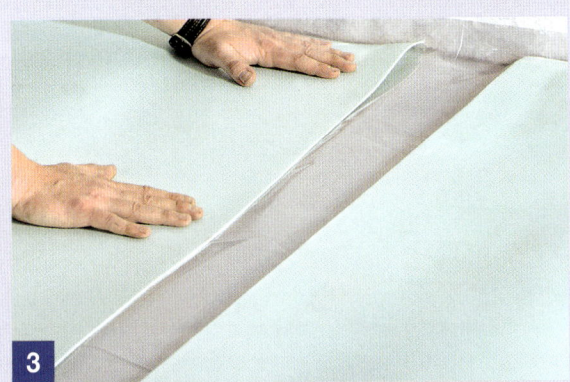

3
Die Folienbahnen legt man überlappend aus, die folgende Trittschallmatte wird auf Stoß gelegt. Die Bahnen werden verklebt

4
Das erste Laminatelement wird mit der Federseite Richtung Wand gelegt. Die Abstandsklötze halten die Dehnungsfugen zur Wand frei

7
Anschließend setzt man die Elemente schräg und dicht an die bereits liegenden Elemente an und hebelt vorsichtig die Längsseite ein

8
Jetzt müssen Sie die Elemente nur noch nach unten drücken, sie rasten an den Stirnseiten ein. Viel Kraft ist hierbei nicht nötig

sich um einen Laminatboden – ist kein spezielles Werkzeug erforderlich, um die einzelnen Elemente zusammenzufügen. Lediglich zum Kürzen der Elemente sowie für die Montage und den Zuschnitt von Sockelleisten und Übergangsschienen sind Säge und Bohrmaschine vonnöten. Wer keine Gehrungssäge besitzt, kann sich beim Zuschnitt der Sockelleisten auch gut mit einer Gehrungslade und einer Handsäge behelfen. Ansonsten geht die Verlegung ganz leicht vonstatten: Das

Laminatelement wird angesetzt und einfach in das bereits liegende Bodenelement eingehebelt. Bei nur leichtem Druck rasten die Elemente ein, ohne dass man Hammer und Schlagklotz zu Hilfe nehmen muss. Seine leichte Handhabung erreicht das System in diesem Fall auch, ohne mit einer Kunststofffeder in der Nut ausgestattet zu sein.

Grundkurs Dielen schleifen

Man sieht es immer wieder: Da wurden vom Vermieter oder vorherigen Bewohnern in aufwendigen Aktionen alte Dielen mit Spanplatten und einem grauen Teppich- oder PVC-Boden überdeckt und womöglich noch die Decken der schönen Altbauräume abgehängt. Doch hohe Räume, sichtbarer Stuck und vor allem ein alter Dielenboden sind durchaus sehenswert und sowohl bei Mietern als auch bei vielen Immobilien- interessenten heute wieder höchst beliebt. Wer dem alten Dielenboden neuen Glanz einhauchen möchte, kann dies durchaus auch selbst bewerkstelligen.

Auf die Körnung kommt es an

Schleifmaschinen kann man sich relativ preiswert ausleihen. Außerdem benötigt man reichlich für die Maschine geeignetes Schleifpapier, Holzkitt und eine Versiegelung. Mindestens drei Schleifgänge müssen vorge- nommen werden. Bei normal abgenutztem Boden (oder neuen, unbehandelten Dielen) beginnt man mit Körnung 40, dann mit 80 und schließt mit einer 120er-Körnung. Ein stark abgenutzter Holzboden sollte viermal und zunächst auch mit gröberem Papier geschliffen werden: Erst mit 24er-Körnung, dann 40er, 80er und beim letzten Schleif- gang mit 120er-Körnung. Möchte man ganz akkurat arbeiten, nimmt man für den Fein- schliff (120er-Körnung) keine Walzenschleif- maschine, sondern einen leichteren Teller-

1

Bei unebenen Dielen schleift man den Boden zunächst in schräger Richtung und erst zum Schluss parallel zum Dielenverlauf

4

Auch ein Exzenter- oder Bandschleifer tut hier gute Dienste. An diesen Stellen ebenfalls erst mit gröberer Körnung schleifen

7

Nach sämtlichen groben Schleifgängen wer- den Risse und Nagellöcher zugespachtelt, hier wird spezieller Fugenkitt verwendet

2

Je nach Zustand des Holzbodens erfolgt der erste und gröbste Schleifgang mit einem Schleifpapier der Körnung 24 oder 40

3

Es folgt ein Schleifgang mit 80er-Körnung. An den Rändern kommen kleinere Maschinen wie ein Kantenschleifer zum Einsatz

5

Papierwechsel: Bei vielen Flächenschleifern löst man zuerst einen Hebel, zieht das alte Papier heraus und spannt einfach das neue ein

6

In jedem Fall sollte man aus Sicherheitsgründen die Bedienungsanleitung des jeweiligen Gerätes vor der Arbeit gründlich studieren

8

Dann folgt der Feinschliff, für den hier ein Tellerschleifgerät benutzt wird. Dazu verwendet man am besten 120er-Körnung

9

Trägt man vor der Versiegelung Beize auf, verwendet man weiche Lappen, einen kurzflorigen Mopp oder auch einen Schwamm

10

Als Versiegelung kann man zum Beispiel Hartwachsöl auftragen, je nach späterer Beanspruchung zwei- bis dreimal streichen

schleifer. Das schwere Walzengerät kann nämlich unter Umständen leichte Spuren auf der Holzoberfläche hinterlassen. Das Ausleihen eines Tellerschleifers ist natürlich mit zusätzlichen Kosten verbunden und entsprechend abzuwägen. Ebenso muss abgewogen werden, ob man unbedingt eine Kantenschleifmaschine benötigt, dafür lassen sich auch Exzenter- oder Bandschleifer nutzen.

Schützende Versiegelung

Nachdem der Boden geschliffen ist, muss er gesäubert und versiegelt werden. Dies kann mit Lack, Öl oder Wachs geschehen. Außer bei Öl oder Wachs bleibt auch bei manchen Lacken das natürliche Erscheinungsbild des Holzes erhalten. In jedem Fall ist es ratsam, die Mittel schon vor dem Kauf auf einem kleinen Stück Holz auszuprobieren. Außerdem sollte man darauf achten, ein lösemittelfreies Produkt zu kaufen, das nicht so streng riecht und Atemwege und Gesundheit weniger belastet – außerdem sind die Trocknungszeiten erheblich kürzer. Der Zusatz von Lösemitteln ist auf der Verpackung angegeben. Da es keine allgemeingültige Verarbeitungsanleitung gibt, sind entsprechende Hinweise auf den Gebinden zu beachten. Bei manchen Produkten kann man beispielsweise auf Zwischenschliff und Grundierung verzichten, bei anderen sind sie absolut unerlässlich.

Versiegelung dünn auftragen

In jedem Fall ist das Motto „Viel hilft viel" bei der Versiegelung unangebracht – die Mittel sollten dünn und dafür lieber in mehreren Schichten aufgetragen werden. Ein mindestens dreifacher Auftrag ist immer empfehlenswert.
Der Boden in diesem Beispiel wurde nicht nur versiegelt, sondern vorher noch mit Beize behandelt. Diese wird nach der Reinigung des Bodens mit einem Mopp oder Schwamm aufgetragen.

Laminat und Parkett ausbessern

TIPP 47

1 Mit zum jeweiligen Farbton passender Paste lässt sich Laminat einfach ausbessern

2 Die Produkte sind gebrauchsfertig und lassen sich mit einem Spachtel auftragen

Holzböden oder Laminat sehen nur so lange gut aus, wie sie unbeschädigt und gepflegt sind. Für kleinere Reparaturen bieten die meisten Hersteller für ihre Produkte spezielle Spachtelmassen an, mit denen Kratzer oder Löcher ausgebessert werden können. Sie sind in Tuben als Fertigprodukt erhältlich und in

der Regel gibt es die Reparaturpasten genau in den Farbtönen, die für die Böden zur Auswahl stehen. Werden Sie im Baumarkt oder beim Parketthandel nicht die passenden Farben finden, fragen Sie Ihren Parkett- oder Laminat-Hersteller danach.

Grundkurs Fliesen verlegen

TIPP 48

Das Verlegemuster eines Fliesenbodens bestimmt seine Raumwirkung. Ob diagonal oder parallel zur Wand: Die Technik beim Verlegen ist gleich.

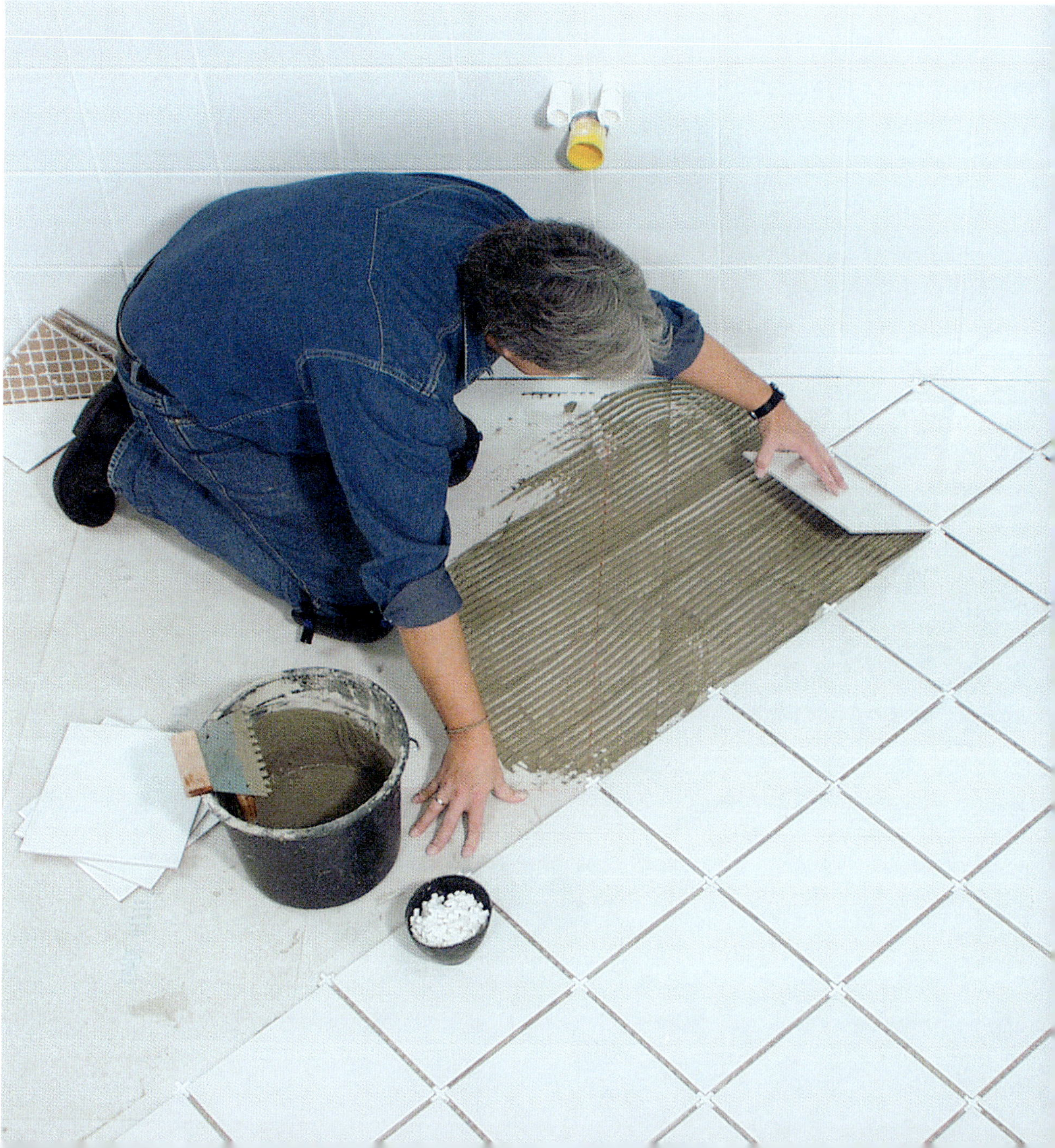

Keramische Fliesen verleihen jedem Raum eine eigene Atmosphäre. Ihre wohnliche Ausstrahlung hängt nicht nur vom gewählten Farbton und vom Format ab, sondern auch vom Verlegemuster. Wer beispielsweise mehrere Räume durchgängig mit optisch gleichen Fliesen ausstattet, sorgt für ein weiträumiges Wohngefühl. Manchmal sind bei der Gestaltung auch Kompromisse gefragt: So können kleinteilige Fliesen ungerade Wandverläufe besser kaschieren als große Bodenplatten, wirken aber auf weiten Flächen schnell unruhig. Kommen glasierte Fliesen auf den Boden, sollte man vor dem Kauf auf die Abriebfestigkeit der Produkte achten. In Bädern, die überwiegend mit Hausschuhen oder barfuß betreten werden, ist die Beanspruchung der Fliesen durch das Darüberlaufen geringer als im Wohn- und

▶TIPP

Rundungen herstellen

Mit Winkelschleifer und geeigneter Trennscheibe für Stein und Keramik können Sie auch Ecken aus den Fliesen schneiden. Für Rundungen, z. B. an der Duschtasse, fertigen Sie am besten eine Pappschablone an, die Sie dann auf eine Fliese legen. Übertragen Sie den Verlauf und schneiden Sie die Keramik mit dem Winkelschleifer zu. Dazu spannen Sie die Fliese im Schraubstock zwischen zwei Holzklötzchen ein. Der Zuschnitt gelingt dann einfacher und vor allem sicherer.

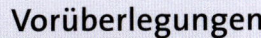

Vorüberlegungen

Der Boden, hier Trockenestrich, muss grundiert werden, um eine gute Haftung des Fliesenklebers zu gewährleisten

Gerade bei verschiedenfarbigen Fliesen macht es Sinn, erst einige Fliesen trocken auszulegen, um die Wirkung zu testen

Zur Ausrichtung wird die Längs- und Querachse des Raumes aufgezeichnet und die Bezugslinie im 45-Grad-Winkel markiert

Bodenfliesen verlegen

1 Entlang der Bezugslinie wird ein Kreppband aufgeklebt, dann der Kleber gemischt, aufgebracht und mit der Zahnkelle durchgekämmt

2 Wenn Sie das Kreppband abziehen, haben Sie wieder Ihre Bezugslinie vor Augen, an der Sie Ihre ersten Bodenfliesen anlegen können

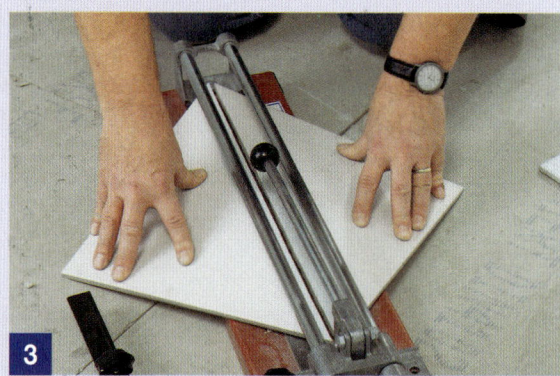

3 Bei der Diagonalverlegung benötigen Sie viele halbe Fliesen, um die Ränder zu füllen. Diese Fliesen sollten Sie vorab passend zuschneiden

4 Zuerst wird hier eine zugeschnittene Randfliese an die Kleberkante angelegt. Dabei sollte man eine kleine Wandfuge berücksichtigen

5 Die Fliesen werden leicht ins Kleberbett eingedrückt, eventuelle Kleberreste in den Fugen sollte man am besten sofort auskratzen

6 Die Eckbereiche erfordern unter Umständen etwas Geschick. Hier ist ein genaues Ausmessen vor dem Kleberauftrag empfehlenswert

▶TIPP

„Krumme" Wände ausmessen und Zuschnitte prüfen

Die Erfahrung zeigt: Selbst in Neubauten stehen Wände nie ganz parallel zueinander. Würden Sie beim Verfliesen eine Wand als Bezugslinie nehmen, wären an den übrigen Fliesenrändern krumme Zuschnitte kaum zu vermeiden. Markieren Sie deshalb zunächst in der Mitte des Raumes mit der Richtschnur eine Linie, die die Mittelpunkte zweier gegenüberliegender Wände verbindet. Entlang dieser Linie werden dann einige Fliesen ausgelegt, exakt im rechten Winkel dazu verlegen Sie anschließend eine Querreihe. So können Sie prüfen, wie die Zuschnitte an den Rändern ausfallen. Dabei sollten Sie auch die nötige Fugenbreite berücksichtigen.

1 Zuerst verbinden Sie zwei gegenüberliegende Wände mittig mit der Richtschnur und markieren den Verlauf

2 Dann überprüfen Sie die Größe der Randzuschnitte und beginnen entlang dieser Linie mit dem Verlegen der Fliesen

3 Den Kleber sollten Sie nur abschnittsweise auftragen, damit er nicht schneller trocknet, als Sie verfliesen können

---

Esszimmer oder in Flur und Küche. Wird der robuste und pflegeleichte Bodenbelag mit einer Fußbodenheizung kombiniert, bietet er rund ums Jahr sogar besonderen Fußkomfort: Im Sommer ist er angenehm kühl und im Winter wohlig warm. Ihre Vorzüge ausspielen können Fliesen aber nur dann, wenn sie richtig verlegt sind. Grundsätzlich gilt: Je größer das Format, desto schneller ist ein Raum gefliest. Mit der Größe des Formats steigen auch die Ansprüche an die Ebenheit des Untergrunds. Wer hier unsauber arbeitet, riskiert, dass die Fliesen nicht fest im Mörtelbett sitzen oder bei Belastung sogar brechen. Daher ist es sinnvoll, beim Kauf der Fliesen gleich eine Reserve von zehn Prozent für Verschnitt, Bruch oder spätere Reparaturen zum eigentlichen Bedarf hinzuzurechnen.

Bei Räumen mit vielen Nischen oder Vorsprüngen kann sich der Bedarf, bedingt durch zahlreiche Zuschnitte, ohnehin um weitere fünf Prozent erhöhen.

Überlegungen beim Fliesenkauf

Ehe man mit dem Verlegen beginnt, legt man die Fliesen kreuzweise im Raum aus: Eine Reihe pro Raumachse genügt. Dabei sollte man die Fugenbreiten beachten, die je nach Fliesenformat 2 bis 5 mm betragen. An Wänden sollte man nie mit einer ganzen Fliese beginnen, da die Wände selten rechtwinklig zueinander und gerade verlaufen. Je schmaler das benötigte Fliesenstück, desto sorgfältiger muss der Zuschnitt erfolgen. Wenn der Boden fertig verfliest ist,

Bodenfliesen verfugen

1 Zum Verfugen in Feuchträumen und auf kritischen Untergründen wie Trockenestrich sollte man flexiblen Fugenmörtel wählen

2 Ist der Fugenmörtel in gießfähiger Konsistenz angerührt, können Sie ihn abschnittsweise auf die zu verfugende Fläche geben

3 Der Fugenmörtel wird mit einem Fuggummi oder Gummischieber in die Fliesenfugen gewischt. Dabei sollten Sie diagonal wischen

4 Anschließend glätten Sie die Fugen vorsichtig mit einem feuchten Schwammbrett und reinigen die Fläche dabei nach und nach

härtet der Kleber mindestens 12 Stunden aus. Vorher darf die frisch gefliese Fläche auf keinen Fall betreten werden. Selbst wenn keine Fliese sichtbar verrutscht, kann es unterseitig zu Brüchen der Haftbrücken im Mörteldünnbett kommen.

Wasserdicht verfugen

Bei der Wahl des Fugenmörtels müssen die Fugenbreite und die zu erwartenden Belastungen berücksichtigt werden. Wurde beispielsweise flexibel verfliest, muss auch der Fugenmörtel flexibel sein. Dem Belagmaterial muss ebenfalls Rechnung getragen werden: So sind Glasfliesen und Natursteine mit einem speziellen Natursteinmörtel zu verfugen. Silikon gibt es in verschiedenen Produktformen. Für den kleinen Bedarf bieten sich sogenannte Fugenautomaten an. Wer mehr verfugen muss, sollte zu einer Kartusche greifen, die über eine Pistole entleert

Silikonfugen ziehen

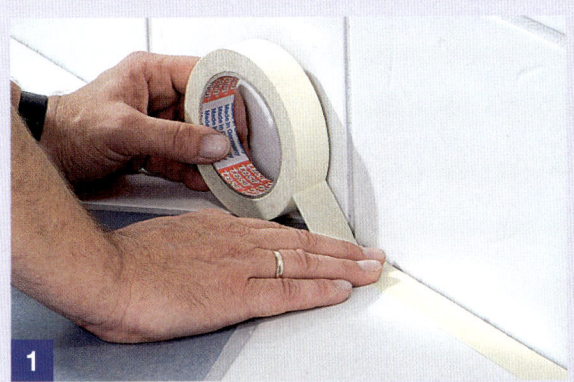

1

Um einen sauberen und geraden Fugenverlauf zu erhalten, sollten Sie die Fuge an beiden Seiten mit Kreppband sorgfältig abkleben

2

Dann spritzen Sie die Fuge mit Sanitär-Silikon aus. Die dauerelastische Masse sollte in einem gleichmäßigen Strang eingefüllt werden

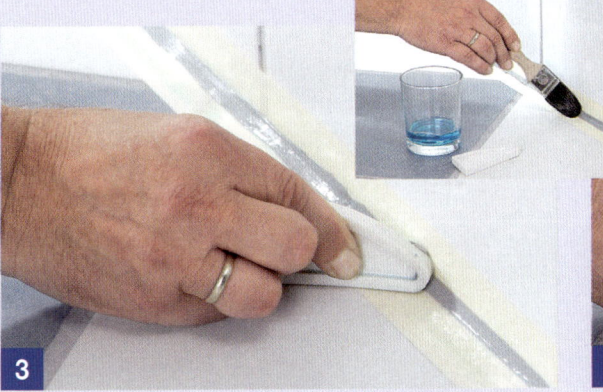

3

Die Fuge wird mit Seifenwasser besprüht oder eingepinselt und mit dem Fugengummi oder Finger (Handschuh tragen!) glatt abgezogen

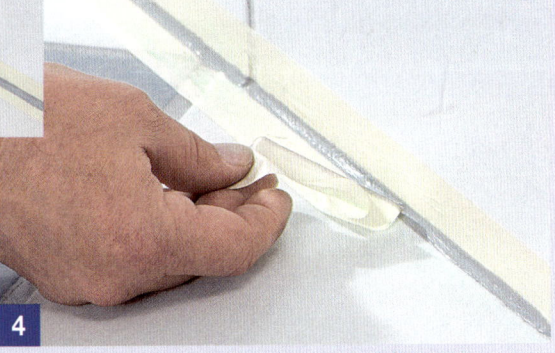

4

Nun kann man das Kreppband ablösen. Eventuell hoch stehende Ränder vorsichtig mit Seifenwasser benetztem Finger andrücken

▶**TIPP**

Leichtes Reinigen des Schwamms

Ein Wasserbehälter mit einem Rollenaufsatz erleichtert das Säubern des Schwamms beim Fugenglätten sehr: Einfach das Schwammbrett ins Wasser tauchen und über den Rollen abstreifen.

wird. Wichtig ist, dass die beiliegende Kunststoffspitze so abgeschnitten wird, dass das entstehende Loch der größten Fugenbreite entspricht. Ein gerader Schnitt erleichtert dem Anfänger das richtige Verfugen. So lässt sich die austretende Dichtstoffmenge besser kontrollieren als bei einer diagonal eingeschnittenen Öffnung. Die Fugen sollten beim Ausspritzen beiseitig abgeklebt werden.

Bodenfliese auswechseln

TIPP
49

Es geschiet schnell, dass im Bad oder in der Waschküche etwas aus der Hand rutscht und eine Bodenfliese zu Bruch geht. Für solche Fälle sollte man sich grundsätzlich einige Restfliesen aufbewahren. Denn schadhafte Fliesen lassen sich mit geeignetem Werk-

1 Zuerst werden mit einem geeigneten Elektrowerkzeug (Multimaster, Dremel mit Vorsatz) ringsum die Fugen der Fliese eingeritzt

2 Daraufhin wird die Bodenfliese mit Hammer und Meißel ganz herausgeschlagen. An den Rändern der Fliese unbedingt vorsichtig arbeiten

5 Danach kann (gebrauchsfertiger) Fliesenkleber mit einem gezahnten Spachtel auf dem Fliesenuntergrund aufgetragen werden

6 Die neue Fliese wird direkt ins Klebebett eingelegt. Sie muss dem Niveau des übrigen Bodens angeglichen werden, Fugenabstand beachten

zeug relativ einfach austauschen. Ginge man hier nur mit Hammer und Meißel zu Werke, würde man unter Umständen den Bruch weiterer Fliesen riskieren.

Verwendet man dagegen elektrische Spezialwerkzeuge, die die Fuge sauber auffräsen, lässt sich die einzelne Fliese dann sicher herausschlagen. Zum Kleben der Fliese verwendet man am besten Flexkleber, zum Verfugen flexiblen Fugenmörtel. Beim Einsetzen der neuen Fliese muss man auf die genaue Ausrichtung achten: Zum einen sollte die Fugenbreite stimmen, zum anderen das Niveau zum übrigen Boden.

3

Nun wird der Untergrund sauber abgeschliffen, um den alten Fliesenkleber vollständig zu entfernen. Die Fläche muss völlig eben sein

4

Staub- und Mörtelreste sollten danach ebenfalls gründlich entfernt werden, am schnellsten funktioniert das mit einem Staubsauger

7

Der Fugenmörtel in passender Farbe wird mit dem Gummischieber aufgetragen und in die freiliegenden Fugen eingearbeitet

8

Die Reste des Fugenmörtels mit einem feuchten Schwamm abwischen. Kleber und Mörtel trocknen lassen, Fliese noch nicht belasten

Mosaikfliesen selbst verlegen

TIPP
50

Wenn Sie Fliesenbeläge optimal an die vorhandenen Flächen – auch Rundungen – anpassen wollen, sind Mosaikfliesen eine gute Wahl. Sie werden meist als Matten von 30 x 30 cm Größe angeboten, bei denen ein grobes Gewebe auf der Rückseite die kleinen Steine zusammenhält. Verschiedenfarbige

Mosaikfliesen sind auf der Matte so gemischt, dass sich ein harmonisches Gesamtbild ergibt. Wo keine ganzen Matten mehr hinpassen, schneidet man jeweils passende Streifen oder Passstücke mit der Schere aus einer ganzen Matte heraus.

1 Mosaikfliesen erhält man meist als Matten von 30 x 30 cm. Sie lassen sich gut handhaben und fast wie normale Fliesen verlegen

2 Müssen runde Schnitte ausgeführt werden, am besten eine stabile Schablone anfertigen. Dann mit dem Winkelschleifer durchtrennen

3 Wie bei normalen Fliesen wird erst Kleber auf den Untergrund aufgetragen, dann die Matten eingelegt und das Ganze später verfugt

4 So werden elastische Fugen angelegt: Ränder abkleben, Silikon hineindrücken und mit spülmittelbenetztem Glättwerkzeug abziehen

Marmor schneiden

Ein Naturstein wie Marmor kann nicht mit x-beliebigen Trennscheiben geschnitten werden. Man benötigt spezielle Diamanttrennscheiben dafür, genauso wie für keramische Fliesen. Diamanttrennscheiben, die sich für normale Fliesen eignen, sind allerdings meist nicht für Marmor oder Granit geeignet. Sie müssen also genau darauf achten, für welche Anwendung der Hersteller seine jeweiligen Trennscheiben auszeichnet. Natürlich müssen sie auch auf Ihr Gerät passen – am besten fragen Sie vor dem Kauf noch einmal nach.

Mosaik schneiden

Mosaikfliesen aus Keramik oder Glas sind ein Blickfang und nicht ohne Grund so beliebt. Da die kleinen Fliesen auf einem Gewebe von meistens 30 x 30 cm aufgeklebt sind, kann die gesamte Matte sehr einfach verkleinert werden, indem man das Gewebe durchtrennt. Manchmal kann die Fliesenmatte jedoch nur dann angepasst werden, wenn man die Mosaiksteine schneidet. Für diese knifflige Aufgabe benötigt man einen Winkelschleifer mit einer Diamanttrennscheibe. Nur diese garantiert einen sauberen Schnitt.

Löcher in Fliesen klopfen

Mitunter müssen Fliesen mit Löchern versehen werden, beispielsweise rund um Rohrausgänge am Badewannenauslauf. Hierfür brauchen Sie eine Fliesenlochzange, in die Sie die Fliese einklemmen können. Dann lässt sich mit einem kleinen Fliesenhammer das Loch problemlos herausklopfen. Haben Sie keine Fliesenlochzange zur Hand, können Sie auch mit einem scharfen, dünnen Bohrer dicht nebeneinander Löcher in die Fliese bohren. Anschließend lässt sich das Loch ebenfalls mit dem Hämmerchen leicht herausklopfen. Gefühl und Vorsicht ist bei Fliesen aber immer angebracht – schnell reißen sie an unerwünschter Stelle. Auch deshalb stets besser mehr Fliesen als nötig besorgen.

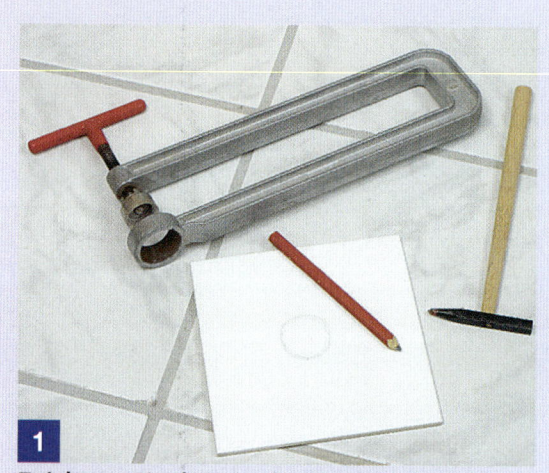

1
Zeichnen Sie den runden Ausschnitt auf der Fliese an und spannen Sie die Platte dann fest in die Fliesenlochzange ein

Fugen- kreuze

Fugenkreuze sorgen für gleichmäßige Abstände zwischen den Fliesen. Allerdings nur, wenn die Fliesen alle gleich groß und an den Rändern glatt sind! Ansonsten muss man per Augenmaß korrigieren und kann sich Fliesenkreuze von vornherein schenken. Wer sie verwendet und sparen möchte, legt die Kreuze nicht glatt in jedes Eck, sondern hochkant ein. So lassen sie sich herausnehmen und an anderer Stelle nochmals verwenden.

2
Ist die Fliese sicher fixiert, klopfen Sie mit einem spitzen Fliesenhammer vorsichtig die gekennzeichnete Stelle heraus

Trittschalldämmung

Bislang hatte man bei Trittschalldämmung, die als Unterlage für Laminat oder Fertigparkett Verwendung findet, die Wahl zwischen Platten- oder Rolldämmung. Viele Platten

sind jedoch unhandlich, und das auf Rollen angebotene Material liegt selten plan auf dem Boden und verrutscht leicht. Eine neue Trittschalldämmung bietet hier Vorteile. Sie ist im Ziehharmonika-Format gefaltet und hat wie handelsübliche Rollen eine Länge von 10 m. Das Material lässt sich spielend leicht entfalten und dank des beiliegenden Alu-Dichtbandes genauso zügig fixieren. Einmal ausgefaltet liegt die Trittschalldämmung absolut glatt auf dem Boden. Es gibt keine Beulen oder Wellen. Durch eine Folienbeschichtung auf der Oberseite schützt die Faltplatte das darauf verlegte Laminat oder Parkett zudem vor Feuchtigkeit, die eventuell noch im Estrich vorhanden ist und aufsteigen könnte.

Spachtel-Zahnungen

Für zu verklebende Holzböden empfehlen Klebstoffhersteller eine bestimmte Spachtelzahnung zum Auftrag, für Mosaikparkett zum Beispiel D 3, für Massivholzdielen B 11.

Doch was heißt das genau? Zum einen sind Zahnspachtel in vier Gruppen unterteilt, nämlich A, B, C und S. Innerhalb dieser Gruppen gibt es eine weitere Unterteilung in B 1, B 3 etc. Dieser Buchstaben-Nummernkombination sind ganz spezielle Zahnungsmaße zugeordnet, bei B 11 zum Beispiel folgende: Zahntiefe 5 mm, Zahnrückenbreite 8 mm, Zahnlückenbreite 6 mm und Zahnungswinkel 50 °. Beachten Sie einfach die Hinweise auf den Klebstoffgebinden und wählen Sie danach den entsprechend bezeichneten Spachtel aus.

Elektro

Mit den richtigen Tipps zum Umgang mit Elektroinstallationen und zur Sicherheit meistern Sie auch diesen Bereich

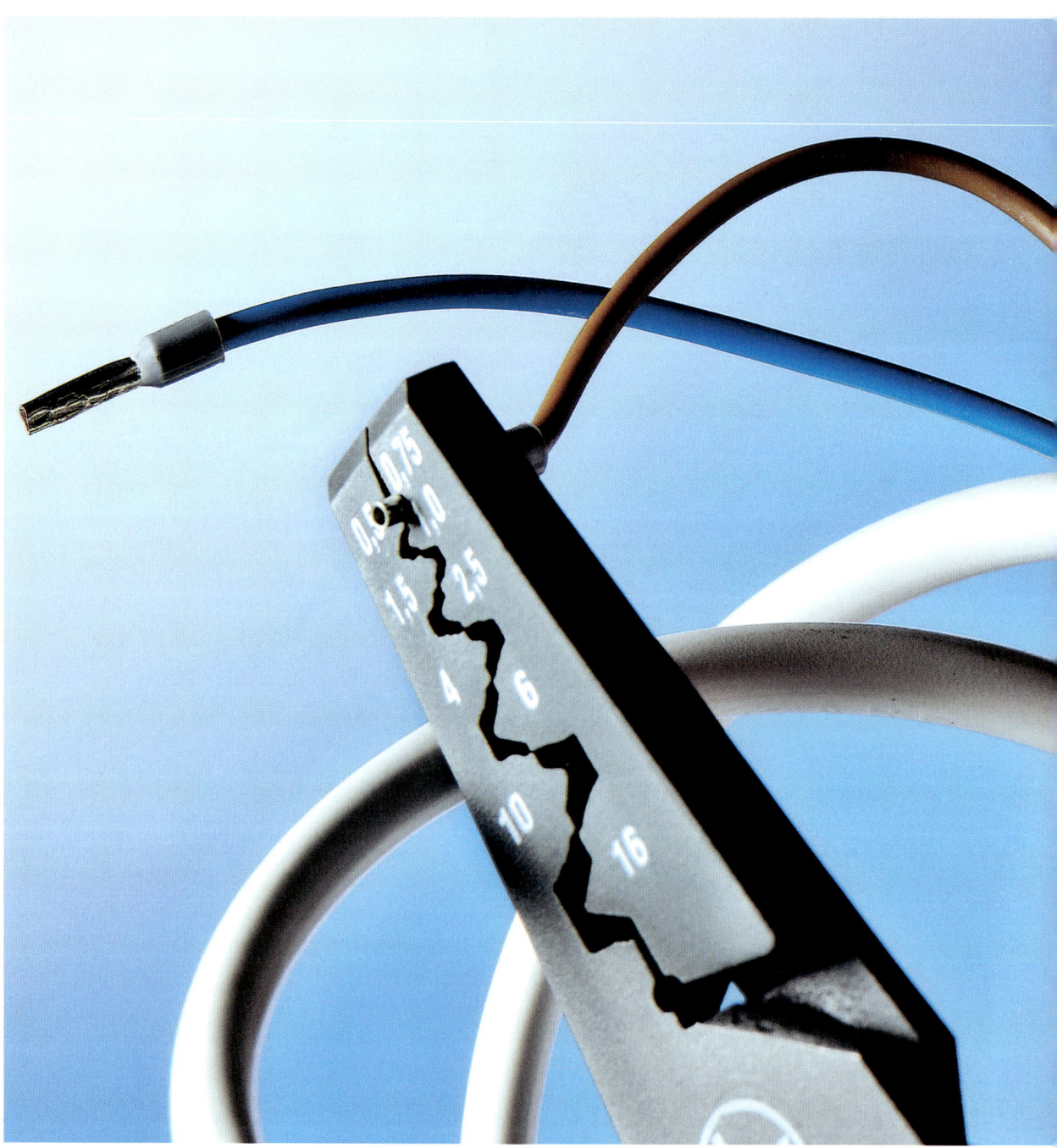

Steckdosen richtig einputzen

Vor allem bei umfangreicheren Installations-arbeiten sollte man die verlegten Leitungen markieren, um später die Orientierung beim Anschließen der Stromkreise zu erleichtern.

1 Preiswert und sicher ist es, Reststücke vom Abisolieren mit Kugelschreiber zu beschriften und über die in den Dosen befindlichen Adern zu streifen.

2 Danach werden sämtliche Dosen mit Deckeln geschlossen oder – falls diese nicht in ausreichender Anzahl vorhanden sind – einfach mit geknülltem Zeitungs-papier gefüllt.

3 Nach den Putzarbeiten können die jetzt verborgenen Dosen durch Abklopfen der Wand aufgespürt und danach mit einem harten Gegenstand geöffnet werden. Nach Entfernen des Zeitungspapiers und Säubern der Dosenränder können die Installationsarbeiten beginnen.

Vorsicht bei Elektro-arbeiten

Bei Elektroarbeiten stets die Sicherungen herausnehmen. Ist der Sicherungskasten un-genügend ausgezeichnet, am besten alle Es muss sichergestellt sein, dass die Leitung, an der gearbeitet wird, spannungsfrei ist (Kontrolle mit dem Spannungsprüfer!). Kommen Ihnen bei der Arbeit Zweifel, in jedem Fall einen Elektriker hinzuziehen.

Leitungen nachträglich einziehen

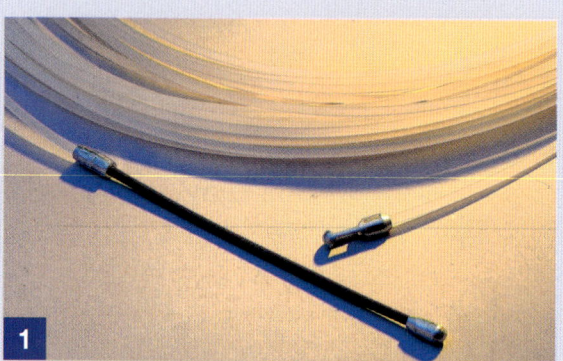

1 Dies ist eine Einziehspirale aus Kunststoff. Sind Leerrohre verlegt, können mit ihr beliebig viele neue Kabel verlegt werden

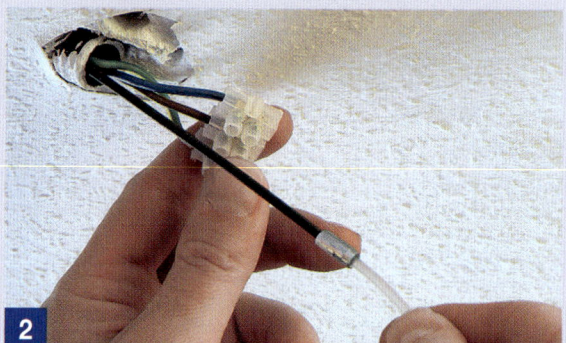

2 So funktioniert es: Die meterlange Einziehspirale wird mit dem flexiblen Vortriebsnippel voran in das Leerrohr geschoben

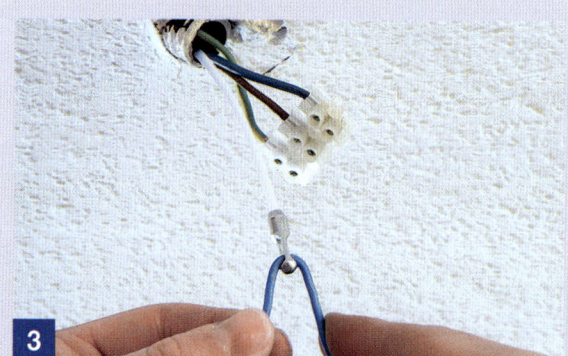

3 Nach dem Austritt des Spiral-Endes in einer Dose wird das durchzuziehende Kabel am anderen Ende der Einziehspirale befestigt

4 Die Spirale wird daraufhin einfach von der Dose aus durchgezogen, bis das angehängte Kabel erscheint. Die Spirale danach lösen

Wurde eine Elektroinstallation in Leerrohren verlegt, können nachträgliche Veränderungen problemlos ohne Schmutz (auch über zwei Etagen) vorgenommen werden. Für das Einziehen zusätzlicher Kabel verwendet man eine sogenannte Einziehspirale aus Kunststoff. Diese wird von der gewünschten Austrittsöffnung aus in das Leerrohr eingeführt und so lange vorgeschoben, bis ihr Vortriebsnippel an einer der Verteiler- oder Schalterdosen heraustritt. Danach wird das Kabel am Ende der Spirale befestigt und durch das Leerrohr gezogen, bis es am anderen Ende angekommen ist. Nun kann das neue Kabel angeschlossen werden.

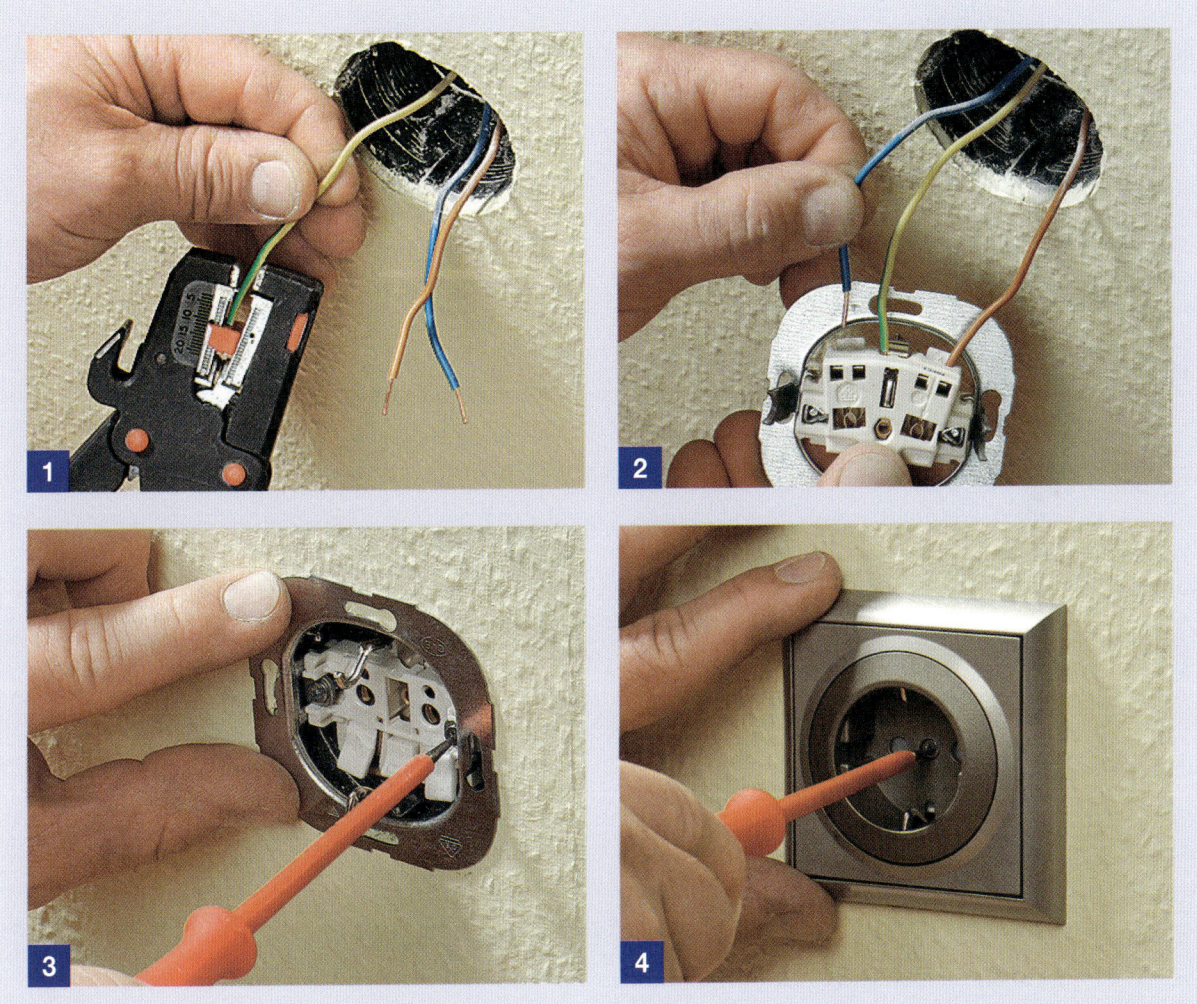

Steckdosen anschließen

Nützliche Informationen zur Rohbauinstallation finden sich in Tipp 47. An dieser Stelle geht es weiter mit dem Anschluss der Steckdose auf der fertig tapezierten und gestrichenen Wand.

1 Als Erstes drehen Sie die Sicherung heraus! Daraufhin wird mit der Abisolierzange ein Teil der Gummiisolierung des Kabels abgezogen, sodass die Drähte freiliegen.

2 Die Drähte werden nun ins Dosengehäuse gesteckt: Der grün-gelbe Schutzleiter dort, wo das Symbol ⊕ auftaucht, die braune oder schwarze Phase (spannungsführender Leiter L) und der blaue Neutralleiter (N) in die anderen Eingänge.

3 Das Gehäuse wird in die Schalterdose gesteckt und festgeschraubt.

4 Danach wird die Abdeckung der Steckdose fest mit dem Gehäuse verschraubt.

60

Grundkurs Lichtschalter austauschen

Lichtschalter befinden sich fast immer direkt im Blickfeld. Sind sie alt und unansehnlich, sollten Sie einen Austausch vornehmen.

Wird ein Raum neu gestrichen oder tapeziert, muss man die Abdeckungen der Lichtschalter meist ohnehin abmontieren. Dann sollte man gleich überlegen, ob nicht ein Austausch angebracht wäre. Denn es sind oft gerade die Kleinigkeiten, die einen Raum erst stimmig erscheinen lassen. Zu den Wänden und Böden passende Schalter spielen dabei eine wichtige Rolle. Technisch ist es kein Problem, diese elektrischen Bedienelemente zu tauschen – wenngleich dabei in der Regel nicht nur die Blenden, sondern auch die in den Anschlussdosen sitzenden Einbauelemente ausgewechselt werden müssen. Mit Grundkenntnissen in der Elektroinstallation

Spannungsfreiheit des betreffenden Stromkreises vor Beginn der Arbeiten kontrollieren – am besten wie hier mit einem Duspol

Den alten Schalter ausbauen

1 Nach der Kontrolle auf Spannungsfreiheit zunächst die Blenden – soweit möglich – abschrauben

2 Die Wippenkappe der Schalterblende vorsichtig abhebeln. Notfalls einen Schraubendreher benutzen

3 Meist hält eine zusätzliche Klemme den Rahmen – diesen auch abziehen oder heraushebeln

4 Beim Designwechsel müssen auch die Einbaugeräte gewechselt werden – dazu Montageschrauben lösen

5 Alte Einbaugeräte wurden mit Schraubklemmen angeschlossen, auch hier braucht man den Schraubendreher

6 Zunächst auch alle nicht zugänglichen Leiter vor der Demontage auf Spannungsfreiheit kontrollieren

können Sie diese Arbeit selbst erledigen. Sollten Sie auf Probleme oder Schäden in der Elektroinstallation stoßen, müssen Sie allerdings einen Fachmann hinzuziehen.

Die Dosenabstände sind genormt

Hochwertige Schalter in elegantem Design sind meist nicht billig. Dafür hat man diese neuen Schmuckstücke aber auch täglich im Blick und an der Hand. Einbaugeräte und Abdeckrahmen müssen dabei einzeln ausgewählt und aus einer Serie gekauft werden, sonst passen die Einzelteile später nicht zusammen. Größe und Abstand der Einbaudosen sind dagegen genormt – es passen also alle Schalterserien der Hersteller in die bei Ihnen vorhandenen Dosen. In Einzelfällen passen Produkte unterschiedlicher Serien

oder sogar Serien verschiedener Hersteller zueinander – dabei sollten Sie sich aber im jeweiligem Fall unbedingt beraten lassen, da hier teilweise mit Adapterstücken gearbeitet werden muss.

Hier zeigen wir Ihnen den Gerätewechsel, wie er in Hohlwanddosen vollzogen wird – diese Dosen finden Sie in Wänden, die mit Gipskarton- oder Zementbauplatten verkleidet sind. In diesen Dosen dürfen die Einbaugeräte nicht mit den Befestigungskrallen montiert werden, vielmehr sind die an den Dosen vorhandenen Schrauben zu verwenden, die in entsprechende Aussparungen in den Blenden greifen.

Zur Montage werden die Schrauben etwas gelöst und der Geräterahmen dann leicht verdreht eingesetzt. Danach werden Schalter oder Steckdose exakt gerade ausgerichtet und festgeschraubt. Sollten die Krallen bei der Montage stören, bauen Sie diese einfach ab.

In massivem Mauerwerk werden dagegen Unterputz-Dosen verwendet, die fest eingegipst sind. Hier werden die Einbauelemente mit den Montagekrallen verankert. Dazu die Befestigungsschrauben der Krallen gegebenenfalls vor der Montage etwas lösen und wechselweise Zug um Zug anziehen, während mit der anderen Hand der Rahmen bündig zur Wand gehalten wird.

Achten Sie auch hier auf die exakte Ausrichtung des Einsatzes in der Dose. Sollte sich bei der anschließend folgenden Montage des Rahmens ein vertikal oder horizontal auftretender Versatz ergeben, können Sie diesen mit den Montagekrallen noch problemlos ausgleichen, indem Sie die Halteschraube auf der einen Seite etwas lösen und die auf der anderen Seite dafür stärker anziehen.

▶**TIPP**

Zubehörteile richtig kombinieren

Auch wenn Schalter und Steckdosen noch recht neu sind, kann ein neues Design nicht ohne Neukauf von Einbaugeräten vollzogen werden. Denn einzelne Schalterabdeckungen und Steckdoseneinsätze werden im Handel nicht angeboten. Ist die Installation schon älter, ist der Tausch auch technisch sinnvoll: Er bringt einen Sicherheitsgewinn – etwa durch heute übliche serienmäßige Kindersicherungen.

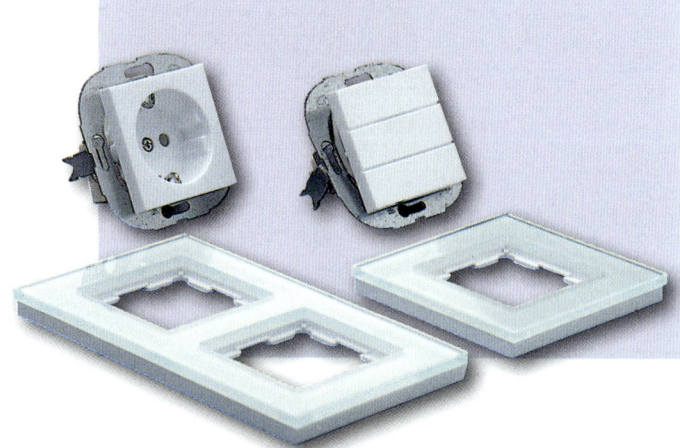

Den neuen Schalter einbauen

1 Gesteckte Adern können durch Druck auf den kleinen Entsicherungshebel gelöst und problemlos abgezogen werden

2 Adern von zuvor geschraubten Anschlüssen müssen fürs Stecken in der Regel etwas weiter (ca. 7 mm) abisoliert werden

3 Nun können Sie den neuen Schalter anschließen. Dazu die Phase in den mit „L" bezeichneten Klemmanschluss einführen

4 An der Steckdose der Kombination gehört der grün-gelbe Schutzleiter an die mittleren Anschlüsse des Schutzkontaktes

5 Geräte an den Dosenklemmen mit den Einbaudosen verschrauben, danach den Rahmen mit dem Klemmdeckel sichern

6 Schließlich die Abdeckung der Steckdose montieren, dabei auf den richtigen Sitz des Rahmens achten

Wandleuchte installieren

TIPP
62

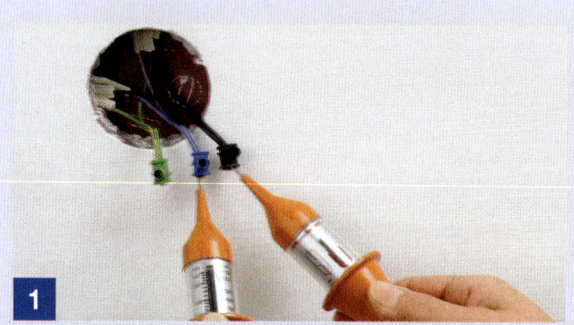

1

Wichtig: Zuerst den Stromkreis abschalten. Unbedingt mit einem Spannungsprüfer prüfen, ob auch wirklich kein Strom fließt

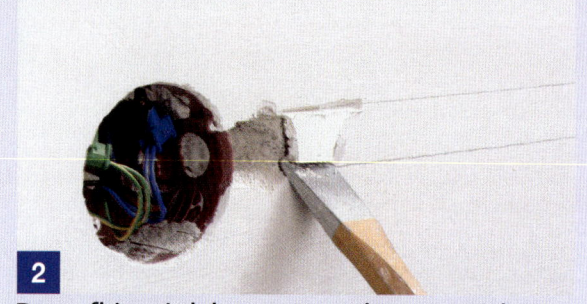

2

Daraufhin wird der zuvor exakt angezeichnete Verlauf der Kabelführung mit Hammer und Meißel vorsichtig aufgestemmt

3

Sollen neue Dosen angebracht werden, sollten die Löcher am besten mit einem Dosenfräsaufsatz gebohrt werden – das gelingt sauber

4

Für den Wandanschluss gibt es besondere Installationsdosen im Elektrohandel. Sie werden wie die Verteilerdose eingegipst

5

In diesem Fall muss für mehrere Wandleuchten eine neue Verteilerdose gesetzt werden. Diese eingipsen und die Kabel verbinden

6

Zum Schluss wird der Schalter für die Wandleuchten angeschlosssen. Dabei sollte man immer auf den festen Sitz der Kabel achten

Dimmer einbauen

TIPP 63

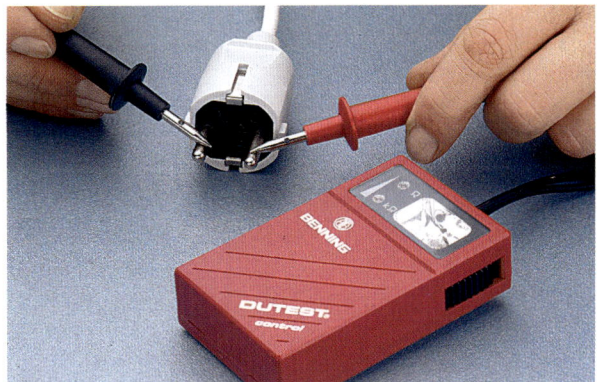

Mit einem Durchgangsprüfer kann man ausschließlich spannungsfreie Leitungen auf ihre Beschädigungen überprüfen

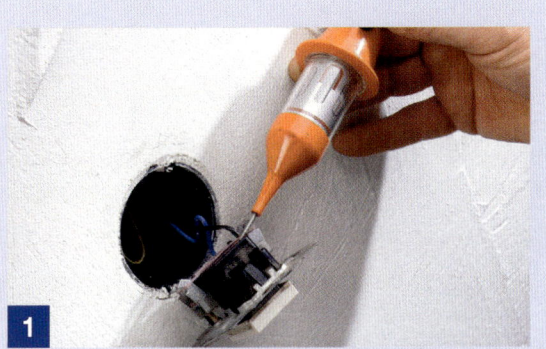

1
Sicherheitshalber sollte man nach Lösen des Schalters die Stromfreiheit prüfen

2
Der neue Dimmer ist angeschlossen – die Phase ist hier mit einem „P" markiert

3
Beim Einsetzen des Dimmers beachten, dass keine Drähte eingeklemmt werden

Umgang mit Messgeräten

TIPP 64

Für die Arbeit an Installationen sollte man sich zumindest einen Zweipolprüfer zulegen. Mit diesem aus zwei mit einer Leitung verbundenen Messspitzen bestehenden Gerät kann man prüfen, ob ein Stromkreis spannungsfrei ist. Für diesen Zweck sollte man keinen Phasenprüfer verwenden (Spannungsprüfer in Schraubendreher-Form), da diese Geräte falsch anzeigen können – Elektriker nennen Phasenprüfer deshalb auch „Lügenstift". Bei der Überprüfung von Leitungsführungen oder der Kontrolle eventuell defekter Leitungen ist ein Durchgangsprüfer hilfreich. Wenn seine Anschlussleitungen verbunden werden, leuchtet eine Prüflampe auf. Arbeiten Sie jedoch niemals mit diesem Messgerät an spannungsführenden Leitungen!

Grundkurs
Elektroleitungen verbergen

Müssen neue Installationsleitungen verlegt werden, brauchen Sie nicht unbedingt die Wände aufzuschlitzen – es gibt auch elegantere Wege.

Wenn bei einer Modernisierungsmaßnahme neue Schalter und Steckdosen geplant werden, stellt sich die Frage, ob sich in den Wänden Leerrohre befinden, in die man problemlos zusätzliche Drähte einziehen kann. Ist dies nicht der Fall, muss man aufwendig die Kabel unter Putz verlegen oder anderweitig geschickt verbergen.

Im letzten Fall werden die Leitungswege in Bereiche verlagert, die dafür eigentlich nicht vorgesehen waren – zum Beispiel in eine nachträglich abgehängte Decke. Besonders elegant und mit relativ wenig Aufwand werden Leitungen in einer Verwandten des Kabelkanals versteckt – der Hohlraum-Fußleiste. Wie bei üblichen Kabelkanälen wird zunächst ein profilierter Träger an die Wand geschraubt, in den dann die Kabel eingelegt werden können. Eine gewisse Herausforderung ist es, die Leitungen möglichst unauffällig zur Fußleiste zu führen – am besten geschieht dies in verborgenen Bereichen – etwa hinter Vorhängen oder Möbeln. Flache Leitungen, wie etwa Lautsprecherkabel,

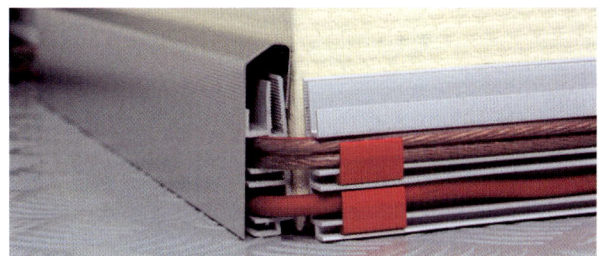

In solchen System-Fußleisten aus Metall können mehrere Leitungen untergebracht werden

▶TIPP
Gefräste Leitungsnut

Werden Echtholzfußleisten montiert, können Sie mit der Oberfräse selbst Platz für ein bis zwei nachträglich verlegte Leitungen schaffen. Um die Verlegung zu vereinfachen, Leitung vor der Leistenmontage punktuell mit Heißkleber an Wand oder Boden fixieren.

▶TIPP
Möglichkeiten der Verlegung zusätzlicher Elektroleitungen

Sehr praktisch sind Clip-Fußleisten, die leicht zu schließen und wieder zu öffnen sind

Vielseitige Lösung: Auf der Wand befestigte Kabelkanäle nehmen gleich mehrere Leitungen auf

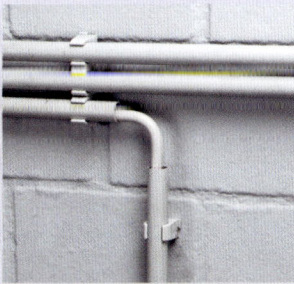

Sichtbare Leitungen in einer Aufputz-Installation sind eher etwas für Keller oder Garage

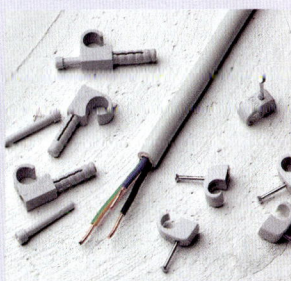

Mit Nagelschellen oder in Schutzrohren werden die Leitungen an der Wand fixiert

können auch einfach unter der Fußleiste herausgeführt werden. Dazu in die Führungsstege am Träger einfach passende Aussparungen mit einem scharfen Cuttermesser schneiden. Die abdeckende eigentliche Fußleiste wird dann eingeklipst oder – wie beim hier gezeigten System – von oben aufgeschoben.

Die Verriegelung von oben ist auch an ungeraden Altbauwänden stabil – Clipverbindungen neigen dazu, sich nach einiger Zeit an zurückstehenden Bereichen wieder abzulösen. Zum Zuschneiden der Leisten für Innen- und Außenecken brauchen Sie eine Gehrungssäge.

Fußleisten mit Kabelkanal gibt es mit verschiedenen Oberflächen: beispielsweise Alu- und Edelstahloptik oder auch aufgedruckte Holzkaschierungen. Wer Echtholz bevorzugt, kann sich bei den Herstellern

▶TIPP
Abgehängte Decke

Wird die Decke abgehängt oder neu verkleidet, so kann man auch hier neue Leitungen verdeckt führen: Abzweigdosen installieren und Platz für Einbauspots vorsehen. Wird ein Lichtsystem eingebaut, können besonders klein gebaute Trafos später durch die Bohrungen der Einbauspots gewartet werden. Wichtig: Leuchtmittel und Trafos werden warm. Achten Sie daher auf entsprechende Abstände zu brennbaren Materialien.

▶TIPP
Leitungsführung beim Einbau von Spots in Möbel

Um sichtbare Leitungen zu vermeiden und Platz für Einbau-Spots zu schaffen, können Sie einen doppelten Boden vorsehen – hier kann dann sogar ein Einbautrafo seinen Platz finden. Berücksichtigen Sie jedoch, dass sich Halogen-Spots stark erwärmen, und beachten Sie auch die Einbau-Abstände in der mitgelieferten Montageanleitung. Gegebenenfalls können Sie auf kühle LEDs als Leuchtmittel ausweichen – diese gibt es auch passend für Spotfassungen.

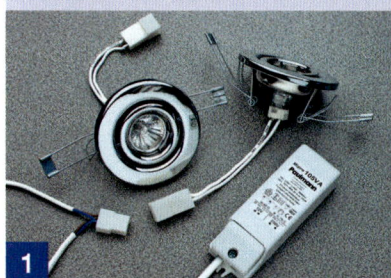

1 So können die Teile einer Beleuchtung aussehen: Spots, Kabel und Trafo

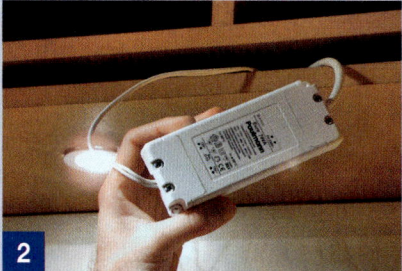

2 So wird der Trafo in den Hohlraum einer Zwischendecke eingeschoben

3 Mit einem Bewegungsmelder automatisieren Sie die Schaltung der Beleuchtung

Fußleiste mit Kabelkanal montieren

1 Träger und Fußleiste werden mit einer Gehrungssäge mit Metallsägeblatt exakt rechtwinklig abgelängt

2 Mit einem Metallbohrer (HSS) stellen Sie die Bohrungen für die Befestigungslöcher her. Vorher ankörnen

3 Nun Dübellöcher bohren, Dübel einstecken und die abgelängten Profile an der Wand montieren

4 Sind die Kabel eingeklemmt, schneidet man das Abdeckprofil zu und steckt es von oben in die Rastung

5 Die Rastzähne in der Haltenut machen das System flexibel und können leichte Bodenunebenheiten ausgleichen

6 Vorgefertigte Steckteile für Innen- und Außenecken sorgen schließlich für eine ansprechende Optik

7 Der stoß- und kratzfesten Fußleiste ist nicht anzusehen, dass hier Teile der Elektroinstallation oder Antennen- und Lautsprecherkabel verborgen sind

entsprechender Holzböden umsehen. Teilweise bieten sie passend zum Holzboden massive Leisten an, in die bereits werkseitig Aussparungen zur Aufnahme von Kabeln gefräst wurden. Oder Sie greifen zur Oberfräse und stellen bei Ihren Fußleisten selbst solche Nuten her.

Grundkurs
Deckenleuchte anschließen

TIPP 66

Sie haben eine neue Deckenleuchte gekauft und wollen Sie nun anschließen – kein Problem, wenn Sie wichtige Sicherheitsregeln beachten.

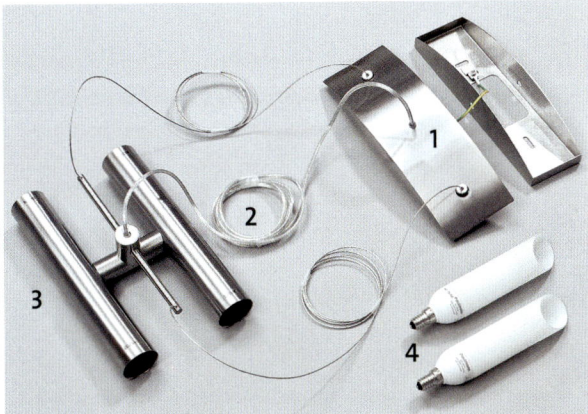

Die Decken-Hängeleuchte vor der Montage

1 Anschlusskasten: Bei unserer Beispielleuchte wird dieser unter der Decke verschraubt, er verdeckt die elektrischen Verbindungen
2 Anschlussleitung: Sie sorgt für die elektrische Verbindung zu den Leuchtmitteln. Zwei zusätzliche Halteseile übernehmen die Tragfunktion
3 Leuchtengehäuse: Hier werden die Lampen mit Strom versorgt, gleichzeitig müssen dekorative und haltende Funktionen vereint werden
4 Leuchtmittel: Sie bestimmen die Helligkeit und den Stromverbrauch

Beim Neukauf einer Deckenleuchte muss die alte entfernt und die neue angeschlossen werden. Beim Renovieren nimmt man die vorhandene Leuchte ab und montiert sie anschließend wieder. Die Arbeitsschritte sind eigentlich immer gleich. Am einfachsten geht die Montage, wenn die Leuchte direkt am Zuleitungskabel von einem Deckenhaken gehalten wird (siehe Tipp rechts oben), die elektrische Verbindung per Lüsterklemme wird später mit einem Baldachin verdeckt. So einfach dieser Anschluss auch aussieht – in jedem Fall sollten Sie vor Beginn der Arbeiten die Sicherung abschalten und den Stromkreis am Deckenauslasskabel auf Stromfreiheit überprüfen. Auf keinen Fall reicht es aus, einfach den entsprechenden Schalter zu betätigen – im Extremfall besteht dann nämlich Lebensgefahr!

▶TIPP

Licht am Haken

Einfache Deckenleuchten werden an einer am Zuleitungskabel befestigten Zugentlastung in den vorhandenen Deckenhaken eingehängt, die Zuleitung übernimmt dann auch die Haltefunktion für Fassung und Lampenschirm. Schließen Sie auch solche Leuchten nur bei abgeschaltetem Stromkreis an. Dazu werden die von der Leuchte kommenden Leitungen polrichtig über eine Lüsterklemme mit dem Deckenauslasskabel verbunden. Verfügt die Leuchte über keinen Schutzleiter, so bleibt die entsprechende Klemme auf einer Seite frei.

1 Das Zuleitungskabel an der Zugentlastung am Haken einhängen

2 Der Baldachin verdeckt die Anschlussstelle – er wird ganz hochgeschoben

Decken-Hängeleuchte anbringen

Die von uns hier montierte Decken-Hängeleuchte wird über zwei in der Länge verstellbare Halteseile an einem Decken-Anschlusskasten gehalten, die Höhenposition der Leuchte ist bei der Montage werkzeuglos justierbar. Um die Installation zu vereinfachen, sollte zunächst die Montageplatte des Anschlusskastens demontiert werden – dann kann die Position der Leuchte einfacher an

Montageschritte

1 Zuerst unbedingt die Sicherung des betreffenden Stromkreises abschalten und zusätzlich die Leitung auf Spannungsfreiheit prüfen

2 Wird wie in unserem Beispiel ein Anschlusskasten montiert, zunächst die Montagepunkte mit einem Stift an der Decke markieren

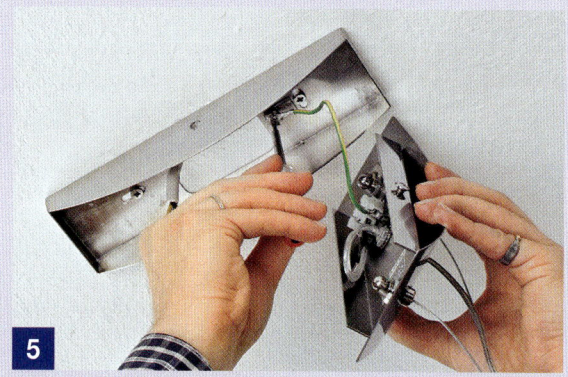

5 Alle berührbaren Metallteile der neuen Deckenleuchte müssen mit dem grün-gelben Schutzleiter verbunden werden

6 Die Adern des vorhandenen Decken-Auslasskabels werden im nächsten Schritt polrichtig mit den Leuchtenanschlüssen verbunden

der Decke festgelegt werden, auch das Anzeichnen und Befestigen der Montageplatte fällt dann erheblich leichter.

Konstruktionsbedingt muss sich bei Leuchten dieser Bauart das Deckenauslasskabel in einem eng definierten Bereich befinden, der später im Inneren des Anschlusskastens liegt. Befindet sich die Austrittsstelle des Kabels nicht in diesem Bereich – zum Beispiel, weil die Leuchte über einem Tisch hängen soll –, müssen Sie zunächst das

Deckenauslasskabel unter Putz dorthin verlegen. Hierfür im Zweifelsfall besser einen Elektriker hinzuziehen. Achten Sie bei den für die Montage des Anschlusskastens erforderlichen Bohrungen darauf, nicht die unter Putz liegende Anschlussleitung zu verletzen. Die Installationszonen für Deckenkabel verlaufen parallel zu den Wänden. Sind Bohrungen in diesem Bereich erforderlich, sollten Sie mit einem Leitungssuchgerät prüfen, wo die Zuleitung verläuft.

Montageschritte

3

Anschließend bohren Sie die erforderlichen Dübellöcher und verankern den Anschlusskasten mit geeigneten Dübeln und Schrauben

4

Verfügt die Leuchte über einen eigenen Elektroanschluss, wird die Lüsterklemme am Deckenauslasskabel entfernt

7

Sind die Leitungen korrekt miteinander verbunden, wird der Anschlussbereich der Leuchte nach Anleitung betriebsfertig verschlossen

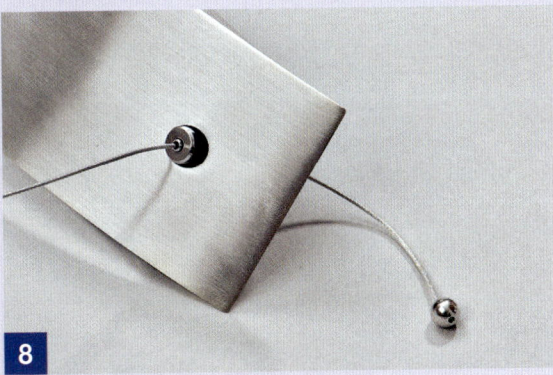

8

Komfortable Bedienung: Unsere Leuchte kann mit selbstsichernden Zugseilen leicht in der gewünschten Höhe justiert werden

Da die Leuchte über eine eigene Anschlussklemme verfügt, wird die Lüsterklemme am Deckenauslasskabel entfernt, deren Adern werden polrichtig mit den Anschlussklemmen verbunden. Dabei ist das schwarze Kabel die Phase (L), das blaue oder – in älteren Installationen – braune Kabel der Neutralleiter (N) und das gelb-grüne Kabel der Schutzleiter (PE).

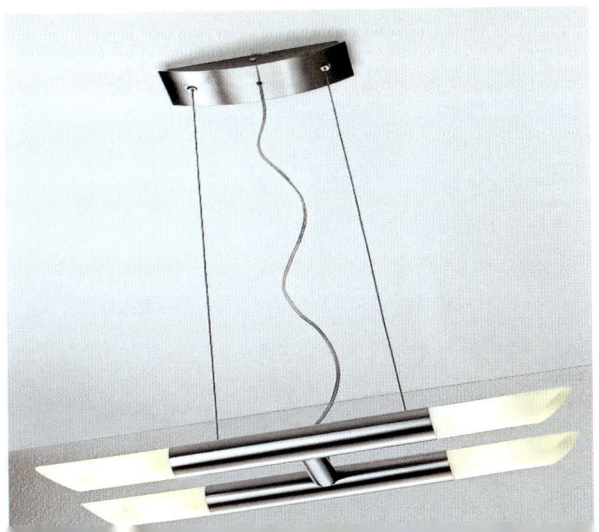

Hängeleuchten anbringen

Einfache Deckenleuchten werden an einer am Zuleitungskabel befestigten Zugentlastung in den vorhandenen Deckenhaken eingehängt. Die Zuleitung übernimmt auch die Haltefunktion für Fassung und Lampenschirm. Auch wenn die Aufhängung simpel ist, sollte die Leuchte natürlich nur bei abgeschaltetem Stromkreis angeschlossen werden. Dazu werden sämtliche von der Leuchte kommenden Leitungen polrichtig über eine Lüsterklemme mit dem Deckenauslasskabel verbunden. Verfügt die Leuchte über keinen Schutzleiter, so bleibt die entsprechende Klemme auf einer Seite frei.

1 Zuerst wird die Leuchtenzuleitung in die Zugentlastung an der Decke eingehängt

2 Der Baldachin verdeckt die Anschlussstelle – er wird über die Kabel emporgeschoben

Technik im Haushalt

Wer Reparaturen in den eigenen vier Wänden selbst ausführt,
spart eine Menge Zeit und Geld

Tür anheben

TIPP 68

Wenn das Türblatt sich abgesenkt hat, kann das Zuziehen zum Kraftakt werden, begleitet von lauten Scharrgeräuschen. Dazu werden die Türbänder stark belastet. Abhilfe schaffen sogenannte Fitschenringe. Die heben das Türblatt um wenige Millimeter an. Sie werden einfach auf das obere und das untere Türband geschoben. Unter Umständen danach den Türfalz nachbearbeiten.

Flüssiges Schmiermittel oder Grafitpulver machen jedes Schloss leichtgängig

Fitschenringe auf beiden Türbändern heben das Türblatt um einige Millimeter an

Das Schloss klemmt

TIPP 69

Es kann ganz schön nerven, wenn sich der Schlüssel nur unter großer Anstrengung im Türschloss drehen lässt. Zwei Mittel sorgen hier wieder für ein leichtes Spiel: Entweder wird ein flüssiges Schmiermittel direkt in den Zylinder gespritzt oder man gibt Grafitpulver auf den Schlüssel, bevor er ins Schloss gesteckt wird. Auf keinen Fall übliches Öl verwenden!

Sicherheitsschloss austauschen

TIPP **70**

1 Die Halteschraube am Riegel wird entfernt und der alte Zylinder herausgenommen

2 Dann wird die Öffnung mit einem Metermaß oder einer speziellen Skala gemessen

3 Nun wird der neue Zylinder vorsichtig in die Öffnung geschoben. Mit der beigefügten ...

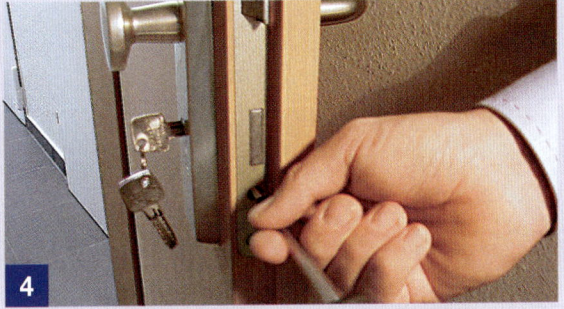

4 ... Schraube wird der Zylinder schließlich befestigt – keine Chance für Einbrecher

Armaturen

TIPP **71**

Nicht etwa der Zahn der Zeit, sondern Kalk kann schöne Armaturen unansehnlich machen. Spezielle Reinigungsmittel helfen jedoch, hässlichen Kalkbelag auf Armaturen zu entfernen. Diese Mittel basieren häufig auf Zitronensäure oder Essig. Gegen den allmählich versiegenden Wasserfluss muss gelegentlich der Luftsprudler am Wasseraus-lass gewechselt werden. Hier gibt es zwei

Bauformen, die entweder mit Innen- oder Außenge-winde befestigt werden. Wer mehr investieren möchte, kauft sich eine Armatur, von der sich Kalk einfach abrubbeln lässt.

Abflussrohre reinigen

TIPP 72

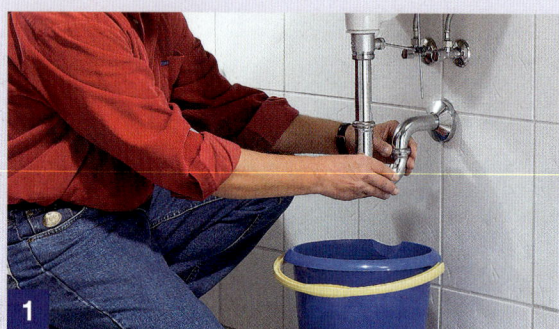

1

Eimer unterstellen und beide Verschraubungen am unteren Rohrbogen lösen

2

Nun das Rohr abziehen. Das schmutzige Restwasser läuft in den Eimer darunter

3

Die einzelnen Anschlussstücke werden abgebaut und mit einer Bürste gereinigt

4

Sämtliche Kalkrückstände (im weiß markierten Kreis) werden mit Essigessenz benetzt

5

Den Gummistopfen am Wandanschluss ersetzen – für eine saubere Abdichtung

6

Zu guter Letzt auch an das Vorsieb denken: Hier drin sammeln sich vor allem Haare

Energie und Wasser sparen

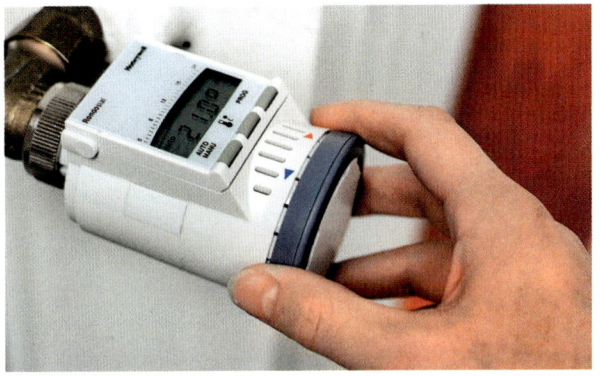

Tropft der Wasserhahn, sollte man schnell handeln: Schon 20 Tropfen pro Minute summieren sich im Jahr auf bis zu 5 000 Liter. Defekte Dichtungen am besten direkt auswechseln. Eine weitere Sparmöglichkeit besteht im Austausch der üblichen Luftsprudler. Sogenannte Perlstrahler mischen dem Wasserstrahl mehr Luft hinzu, sodass weniger Wasser fließt, ohne dass man es merkt. Nur beim Füllen von Eimern und Töpfen dauert es dann etwas länger. Perlstrahler gibt es für alle Gewinde und in vielen Farben in Baumärkten oder in Online-Shops. Auch beim Heizen lässt sich einiges ändern. Schon ein Absenken der Raumtemperatur um ein Grad Celsius spart übers Jahr gerechnet eine Menge Geld. Die gradgenaue Regelung ist jedoch mit normalen Heizkörperthermostaten schwierig. Und selbst wenn die Heizungsanlage über ein Außenthermostat verfügt, tritt die gewünschte Absenkung oder Anhebung der Heizwassertemperatur oft erst verzögert ein. Abhilfe schaffen elektronische Heizkörperthermostate, die auf alle herkömmlichen Ventile aufgeschraubt werden können.

Abflussreiniger

Wenn der Siphon verstopft ist, greift man meist zu einem chemischen Abflussreiniger. Umweltfreundlicher ist aber die Reinigung mit Wasserdruck. Beim hier gezeigten System wird der Schlauch mit einem Adapterstück an das Gewinde des Strahlreglers geschraubt und durch das Sieb oder den Überlauf bis in den Siphon geführt. Die Reinigungsdüse am Ende des Schlauches löst die Ablagerungen mittels Wasserdruck auf.

Das Reinigungsset umfasst einen Anschlussschlauch mit Reinigungsdüse sowie Dichtungsringe, Perlator-Schlüssel und vier Adapter. Damit kann es an fast alle Wasserhähne oder Duschköpfe geschraubt werden

Werkzeuge

Nützliche Tipps zum richtigen Gebrauch von Fuchsschwanz bis Elektrohobel und zur Pflege von Werkzeugen

Werkzeuge
per Hand schärfen

1 Unscharf: Dieses Eisen wurde zweckentfremdet eingesetzt und ist in diesem Zustand für die Holzbearbeitung nicht mehr brauchbar

2 Um das Werkzeug zu schärfen, wird die Schneide zunächst auf dem Schleifbock mit einer Fase von etwa 25 Grad angeschliffen

3 Das Eisen nur vorsichtig auf dem Stein führen, damit die Schneide nicht verbrennt. Sie sollte regelmäßig in Wasser gekühlt werden

4 Im nächsten Schritt wird die Fase auf einem Abziehstein flach aufgelegt und dann in kreisenden Bewegungen nass abgezogen

5 Danach wird der kreisende Abziehvorgang auf der Spiegelseite des Werkzeugs wiederholt. Das Flacheisen dafür direkt auflegen

6 Die Schneide wird nun über ein mit Abziehpaste versehenes Abziehleder geführt. Dabei nur gegen die Schneidrichtung arbeiten

Arbeiten mit dem Fuchsschwanz

TIPP 76

1 Ansetzen: Das Sägeblatt wird am hinteren Ende des Blattes angesetzt. Das Blatt mit dem daneben angelegten Daumen führen

2 Führen: Die ersten Sägezüge werden mit gleichmäßigem Druck steil von oben geführt, danach sollten Sie die Säge flacher halten

3 Absägen: Mit der anderen Hand übergreifen und das Restholz bis zum Schluss in Position halten. So reißen keine Holzfasern aus

4 Klemmen: Droht sich der Sägespalt zu schließen, drücken Sie einen kleinen Holzkeil in den schon vorhandenen Schnittkanal

Dübelleiste als Bohrschablone

TIPP 77

Der hier gezeigte Universaldübler und die Dübelleiste sind als Bohrhilfen für Verbindungen mit Holz-Runddübeln einsetzbar. Dübeldurchmesser von 6, 8 und 10 mm lassen sich verarbeiten. Die Dübelleiste für Scharniere und Beschläge im Möbelbau kann als Bohrschablone für sogenannte System-32-Lochreihen (Standardmaß) eingesetzt werden, Länge der Bretter: bis 600 mm, Brettstärken: 12 bis 40 mm.

Falze hobeln wie ein Profi

Bei speziell für diese Aufgabe ausgelegten, schmalen Falzhobeln reicht das Hobelmesser bis an die Außenkanten der Hobelsohle. Dadurch ist die Bearbeitung von innenliegenden Kanten möglich. Da sich die kleinere Hobelsohle schneller abnutzen kann, ist der vordere Sohlenbereich bei hochwertigeren Falzhobeln verschiebbar angebracht – so wird verhindert, dass das Hobelmaul im Laufe der Zeit immer weiter wird und somit ein frühes Brechen des Spans verhindert. Sie sollten immer mit gering eingestelltem

1 Die ersten Hübe werden noch vorsichtig mit auf die Kante gestelltem Hobel ausgeführt, der Finger dient dabei als Führung

2 Bei den weiteren Hobelzügen kann die Hobelsohle dann allmählich immer weiter abgesenkt werden

3 Schließlich wird in kräftigen und dabei gleichmäßigen Zügen waagerecht bis auf die volle Falztiefe gehobelt

4 Mit quergelegtem Hobel kann schließlich die Falzbreite noch präzise bis ans angerissene Maß ausgeweitet werden

5 Alternativ zur freien Führung können Sie auch eine Leiste aufspannen und diese als Anschlag für den Hobel nutzen

6 Nach einigen Zügen können Sie den Anschlag wieder entfernen, denn die vorhandene Falzkante genügt nun als Führung

Messerüberstand arbeiten, um die Spanabnahme gut kontrollieren zu können und eine feine Oberfläche zu erhalten. Mit einem Falzhobel können Sie ohne parallelen Anschlag präzise Falze an Holzkanten herstellen, die Falzbreite sollten Sie dabei zunächst etwas kleiner als den Anriss beginnen.

Bohren und senken in einem

TIPP
79

Wichtig für alle, die Schrauben durch späteres Spachteln, Überstreichen usw. unsichtbar machen wollen: Senker sorgen dafür, dass das Bohrloch an der Holzoberfläche aufgeweitet wird, um den Schraubenkopf aufzunehmen. Sie begrenzen gleichzeitig die Bohrtiefe. Umgekehrt montiert funktionieren sie als reiner Tiefenstopp.

1 Hier wird der Senker umgekehrt auf den Bohrer geschoben und dient so als Tiefenstopp. Mit dem Inbusschlüssel wird er fixiert

2 Wird der Senker so montiert, bohren Sie genau bis zur vorgesehenen Tiefe und senken dann das Schraubloch in einem Arbeitsgang an

Arbeiten mit dem Elektrohobel

1 Komfortabel: Mit einem richtig eingestellten Elektrohobel können Sie die Kanten von Werkstücken exakt und gleichmäßig anfasen

2 Beim Fasen dient die auf der vorderen Hobelsohle eingelassene Nut als Führung. Die Hobeltiefe an einem Probestück prüfen

3 Sollen größere Holzflächen gleichmäßig abgehobelt werden, lässt man zunächst Stege stehen, die eine geringere Breite als die ...

4 ... Hobelsohle aufweisen. Dadurch wird der Hobel beim zweiten Gang durch die Auflage rechts und links exakt geführt

5 Mit einem solchen Zusatzgerät zum Plan- und Dickenhobeln kann man Balken und Leisten leicht auf die gewünschte Dicke bringen

6 Beachten Sie unbedingt, dass zum Abrichten von Werkstücken meist noch ein zusätzlicher Anschlag mitgekauft werden muss

Pinsel reinigen und aufbewahren

Wasserbasierte Farben und Lacke besitzen mehrere Vorteile: Sie sind schadstoffarm, außerdem können die zur Verarbeitung benutzten Pinsel problemlos gereinigt werden: einfach unter fließendem warmem Wasser gründlich ausspülen. Danach hängen Sie das Werkzeug zum Trocknen am Griff auf. Ein Zusatztipp: Hängt man die Pinselspitzen in ein Glas mit Lein- oder Pflanzenöl, werden die empfindlichen Haare auch bei längerer Lagerung nicht spröde.

1 Farben und Lacke auf Wasserbasis sollten gleich nach dem Streichen gründlich ausgespült werden, dabei auf Seife verzichten

2 Der saubere Pinsel wird dann mit einem Gummi im durchstochenen Deckel fixiert, die Haarspitzen zur Pflege in Öl hängen lassen

Bohrer nachschärfen

Nur Universalbohrer mit gewendelter Spitze kann man selbst nachschärfen – am einfachsten mit einem solchen Vorsatz für die Bohrmaschine. Das Bohrerschärfgerät hat Aufnahmen für verschiedene Bohrerduchmesser.

Spaten pflegen

1 Rost auf dem Spatenblatt bremst das Eindringen in den Boden. Säubern Sie das Gartengerät zuerst sorgfältig mit Stahlwolle

Gartengeräte mit solchen groben Klingen wie Äxte sind in der Regel gut an den Scheiben einer Doppelbock-Schleifmaschine zu schärfen

2 Auch eine stumpfe Schneide macht die Arbeit mit dem Spaten unnötig schwer. Schärfen Sie das Blatt mit einer Feile

Trocken schleifen

Gartengeräte mit großen und relativ groben Schneiden können Sie mit einer Doppelbock-Schleifmaschine nachschleifen. Hierzu zählen neben Äxten oder Beilen auch Rasenmähermesser. Solche Schleifgeräte sind deutlich preiswerter als die langsam laufenden Nassschleifmaschinen. Doch Vorsicht: Aufgrund der hohen Umdrehungszahl ist der Abrieb sehr hoch und damit auch die Gefahr, eine falsche Schneidengeometrie anzulegen. Außerdem steigt die Temperatur in dem bearbeiteten Werkstück schnell an. Regelmäßiges Kühlen der Klinge während des Schleifvorgangs verhindert das Ausglühen.

3 Um erneuten Rostansatz zu verhindern, sollten Sie das Blatt nach Gebrauch mit Universalöl einsprühen oder einreiben

Rund ums Haus

Wie Sie die Fassade schützen, Regenrinnen fachgerecht reparieren und für ausreichende Dämmung sorgen

Fassaden richtig streichen

Überprüfen Sie die Qualität alter Anstriche sorgfältig und beheben Sie Mängel wie die Auskreidung billiger Farbe, abgeplatzte Putzstellen oder Risse. Denn ein neuer Anstrich ist immer nur so gut wie der vorhandene Untergrund

Maßnahmen gegen Kreidung

Bildet sich auf der Fassadenoberfläche ein feines weißes Pulver, ist dies in der Regel auf das Streichen mit Innenfarbe im Außenbereich oder auf die Verwendung zu billiger Farbe zurückzuführen. Die Kreide entfernen Sie am effektivsten mit einer Bürste oder einem Hochdruckreiniger. Lässt sich der Belag nicht restlos beseitigen, sollte die Oberfläche vor dem Anstrich mit einer verdünnten, hochwertigen Fassadenfarbe grundiert werden.

Maßnahmen gegen Rissbildung

Im Laufe der Zeit entstehen kleine Schäden und Risse im Putz. Sie müssen vor dem Anstrich ausgebessert werden. Verwenden Sie Reparaturmörtel, um die Putzschäden zu beheben. Risse schließen Sie am besten mit einer Acryl-Dichtungsmasse aus der Kartusche.

Mit einem feuchten Pinsel lässt sie sich gut angleichen. Wenn das Produkt getrocknet ist, können Sie mit dem Anstrich beginnen.

Maßnahmen gegen Algen

Algen bilden sich häufig an der Nordfassade eines Hauses oder an Stellen, die nicht ausreichend belüftet sind. Die grünen oder grauen Flecken lassen sich mit Wasser und Haushaltsbleiche oder per Hochdruckreiniger entfernen. Sobald die betroffenen Stellen getrocknet sind, können sie gestrichen werden. Im Baumarkt bekommen Sie von vielen Herstellern zudem spezielle Produkte gegen Befall von Algen, Pilzen und Moosen.

Maßnahmen gegen Farbansätze

Streifen im Anstrich oder sichtbare Farbansätze können entstehen, wenn die Farbe nicht ausreichend durchgemischt oder die „offene Zeit" überschritten wurde. Ein einheitliches Ergebnis erhalten Sie, wenn Sie zu Beginn die gesamte Farbmenge mischen. Werden mehrere Gebinde benötigt, sollten Sie die Eimer immer nur bis zur halben Höhe leeren und dann mit dem nächsten Farbgemisch auffüllen. Achten Sie darauf, nass in nass zu arbeiten. Führen Sie die Rolle vom gestrichenen Bereich ins Trockene und ziehen Sie sie auf dem gleichen Weg zurück.

Maßnahmen gegen Salzablagerungen

Salzausblühungen bilden sich an feuchten Wänden. Es ist unerlässlich, die Ursache für die Nässe zu beseitigen. Die Salzkrusten müssen mit einer Bürste oder einem Hochdruckreiniger gründlich entfernt werden. Im Anschluss daran werden Grundierung oder Sperrgrund aufgetragen.

Wandsockel erneuern

Durch mit der Zeit schadhaft gewordenen Putz am Gebäudesockel besitzt das Mauerwerk keinen ausreichenden Schutz mehr. Der Putz wird deshalb abgeschlagen und der Sockel neu verputzt

Ein Spritzbewurf dient der Haftverbesserung auf problematischen Untergründen (wenig saugende und glatte Untergründe).

Spritzbewurf bedeutet, dass man den Mörtel netzförmig auf rund 50 bis 60 % der Fläche aufbringt, meist in schnellen Bewegungen anwirft. Dies kann entweder mit dem verwendeten Sanierputz erfolgen oder aber mit einem Spezialmörtel, den manche Hersteller anbieten. Ein solcher Sanier-Spritzbewurf kann wiederum auch als normaler Sanierputz herhalten, eignet sich jedoch oft nur für geringere Schichtdicken. Möchte man weder den glatten Sanierputz als solchen belassen noch mit Farbe streichen, kann man ihn auch mit einem Oberputz versehen. Hier sollte aber ein abgestimmtes Produkt (teilweise als Sanieroberputz bezeichnet) vom selben Hersteller zum Einsatz kommen.

Abperl-Effekt

Schon seit längerer Zeit gibt es Fassadenfarbe, die den sogenannten Lotuseffekt nutzt. Wie bei Blättern der Lotusblume bewirkt eine raue Oberfläche ein Abperlen des Regenwassers und sorgt gleichzeitig für eine Reinigung der Fassade. Ähnliches versprechen auch Silikonharzfarben. Fachleute warnen aber vor zu hohen Erwartungen. Langfristig verschmutzt jeder Fassadenanstrich. Achten Sie beim Kauf von Fassadenfarbe auf jeden Fall darauf, dass diese eine wasserabweisende Oberfläche aufweist, die dann für eine dauerhaft trockenere Oberfläche sorgt und Algenbildung entgegenwirkt. Tipp: Übernehmen

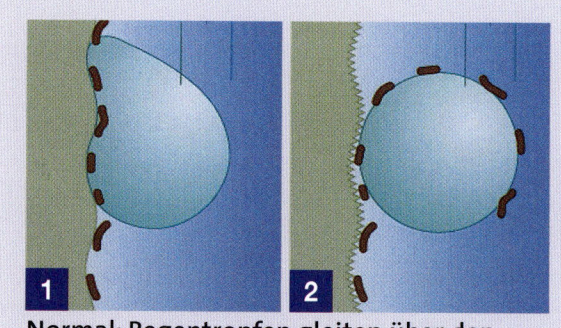

**Normal: Regentropfen gleiten über den Schmutz hinweg (1).
Lotuseffekt: Der Tropfen nimmt den Schmutz mit (2)**

Sie den Anstrich Ihrer Fassade nicht selbst, sondern nehmen Sie einen Handwerker und schlagen ihm vor, seinen Farblieferanten nach einer objektbezogenen Gewährleistung zu fragen, sodass er als Maler nur für die Ausführungsqualität haftet.

Algen und Schmutz

Verunreinigte Luft, vor allem in städtischen Gebieten, lässt die Fassade ergrauen und verschmutzen. Algen, Pilze und Moos bilden sich dagegen dort, wo es feucht und nährstoffreich ist, also überall, wo Bäume, Sträucher und andere Pflanzen in unmittelbarer Nähe des Hauses wachsen.

Auch hochwärmegedämmte Außenfassaden können den Algenwuchs fördern. Der Wärmefluss von innen nach außen ist hier reduziert, die Fassadenoberfläche wird entsprechend weniger beheizt und bleibt entsprechend länger feucht.

Schichtenaufbau bei der Wärmedämmung

Die Grafik zeigt den schematischen Aufbau eines Wärmedämmverbundsystems: Den unteren Abschluss bildet ein Sockelprofil aus Aluminium. Darüber werden die Dämmplatten mit dem Klebe- und Gewebespachtel auf die vorbereitete Außenwand geklebt. Zusätzlich zur Verklebung werden die Dämmplatten mit Schlagdübeln befestigt. Zum Schutz der Kanten wird ein Alu-Eckwinkel angebracht.

Danach trägt man eine Lage Klebe- und Gewebespachtel auf die Dämmplatten auf und bettet darin das Armierungsgewebe ein. Nachdem diese Schicht abgebunden hat, wird eine Mineralputzgrundierung aufgestrichen und schließlich die Fassade mit einem mineralischen Edelputz vollendet.

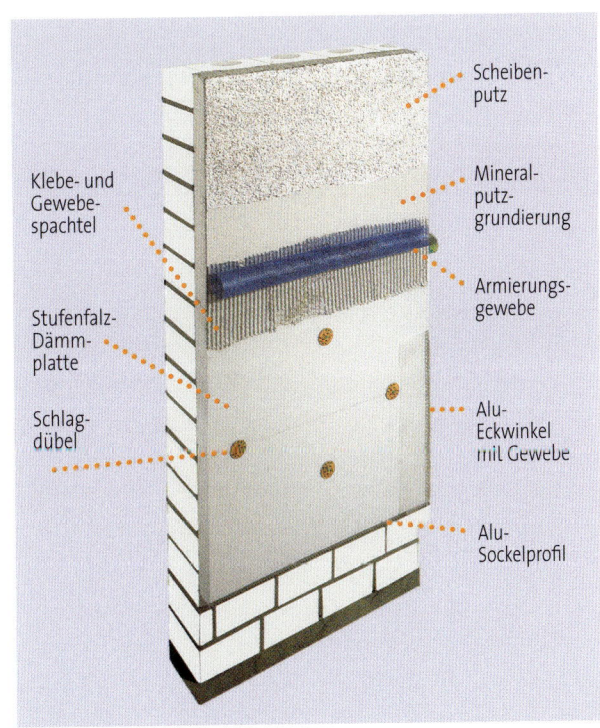

Klebe- und Gewebespachtel

Stufenfalz-Dämmplatte

Schlagdübel

Scheibenputz

Mineralputzgrundierung

Armierungsgewebe

Alu-Eckwinkel mit Gewebe

Alu-Sockelprofil

Risskontrolle

Fassadenrisse sind keine Seltenheit. Um festzustellen, ob es sich um baudynamische Risse handelt – also um Bewegungen des Hauses –, werden Gipsmarken auf die Risse gesetzt. Versehen Sie die Gipsmarke am besten direkt mit einem Datum. So lässt sich eine etwaige Bewegung des Hauses genau nachvollziehen. Platzt der Gips schnell und weit auf, ist eine fachmännische Sanierung auch aus Sicherheitsgründen unbedingt empfehlenswert. Reißt der Gipsbatzen kaum oder gar nicht ein, handelt es sich wahrscheinlich nur um oberflächliche Putzrisse, die man erst einmal mit Acryl verschließen kann und dann gegebenenfalls überstreicht.

Materialmix im Mauerwerk wie die Kombination Bims und Ziegel fördert die Rissbildung, ebenso faulendes Holz oder rostendes Metall

Risse in der Fassade haben immer ihre Ursache, die gefunden werden will: Hier ist es beispielsweise ein undichtes Fallrohr, das zum …

… Feuchteschaden und zur Rissbildung in der Wand geführt hat. Ebenso kann ein defekter Ringanker im Mauerwerk Schuld sein

Fehlerhafte Reparatur: Sauervernetzendes Silikon greift das Mauerwerk an. Besser neutralvernetzendes Silikon oder Acryl verwenden

Farbrückstände: Zeigt der Wischtest einen kreidenden Altanstrich, muss die Fassade mit Wasser gründlich abgewaschen werden

Der Abreißtest mit einem Klebestreifen offenbart schnell, ob der Altanstrich noch fest auf dem Untergrund haftet oder sich schon löst

Hohlstellen lassen sich mit leichten Schlägen auf die Wandoberfläche ermitteln; ggf. diese Stellen abschlagen und neu verputzen

Pulver mit Wasser anrühren – fertig ist die Spachtelmasse. Etwas teurer, aber auch praktischer ist das gebrauchsfertige Produkt

Untergrund prüfen beim Fassadenanstrich

TIPP 91

Wie schon in Tipp 71 angesprochen, muss man vor einem Neuanstrich die Fassade genau prüfen. Kreidende Oberflächen sind gründlich zu reinigen. Loser Putz muss abgeschlagen und erneuert werden. Für kleinere

Reparaturen können Sie Spachtelmasse auf Zementbasis verwenden. Sie ist feuchtigkeitsresistent und härtet beim Kontakt mit Wasser weiter aus.

Formstabiler Reparaturspachtel

Produkte zum Füllen von Löchern und Unebenheiten gibt es schon lange. Nicht so lange im Handel sind allerdings Reparaturmassen wie der Zweikomponenten-Spachtel zum Reparieren verschiedenster Materialien. Das Verarbeiten des praktischen Reparaturspachtels macht Nachspachteln überflüssig, denn die Masse verliert beim Trocknen nicht an Volumen, bleibt also formstabil. Im hier gezeigten Beispiel wird das Material zur Reparatur eines Gartenzauns verwendet.

Der Spachtelmasse werden 2 bis 4 % Härter beigefügt. Wenn Sie zu viel Härter nehmen, trocknet sie zu schnell, Sie müssen die Prozedur in diesem Fall wiederholen. Bemerkenswert: Dieser Füllspachtel wird sehr fest. Er eignet sich neben Metall auch bestens für die Reparatur anderer Materialien wie Holz, Kunststoff oder Stein. Zusätzlich lässt er sich nach dem Aushärten gut schleifen oder lackieren.

In diesem Metallzaun war ein Riss entstanden, der mit dem Spachtel verschlossen wurde

1

Die Spachtelmasse wird zuerst mit 2 bis 4 % Härter gemischt. Verwenden Sie dazu am besten einen Plastikspachtel

2

Das Zweikomponenten-Gemisch wird auf die Hohlstelle oder den Riss aufgetragen und anschließend mit dem Spachtel geglättet

3

Sobald die Spachtelmasse getrocknet und durchgehärtet ist, lässt sie sich problemlos schleifen und bei Bedarf überlackieren

Fallrohr lackieren

Anders als bei den meisten Nichteisen (NE)-Metallen muss die Oberfläche von eisenhaltigen Metallen gegen Witterungseinflüsse geschützt werden. Bei Eisen und Stahl verhindert das Aufbringen eines korrosionsfesten, dichten Überzugs mit Rostschutzmitteln für eine gewisse Zeit die Neubildung von Rost. Für den Erfolg ist entscheidend, zuerst sorgfältig allen alten Rost zu entfernen – mit Schleifpapier, Winkelschleifer oder mit einer Drahtbürste.

1 Zunächst werden sämtliche Rohrmanschetten entfernt. Zum Schutz vor Streichspuren wird daraufhin die Zinkoberfläche ...

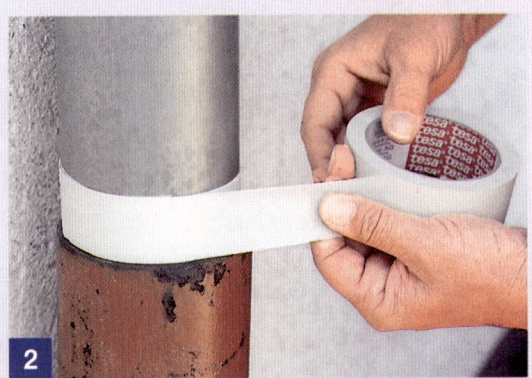

2 ... sorgfältig mit Kreppband abgeklebt. Anschließend können Sie den gusseisernen Teil des Fallrohrs mit einem ...

3 ... Winkelschleifer und einer Metallschleifbürste bearbeiten und den Rost beseitigen. Dabei Handschuhe und Schutzbrille tragen

Rost ist der natürliche Feind des Metalls – gefräßig, zerstörerisch und meist auch noch hässlich anzusehen

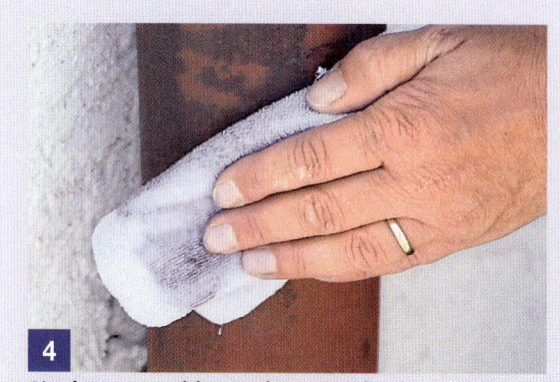

4

Sind Rost und lose Altanstriche komplett vom Gussrohr entfernt, wischen Sie Staub- und Farbreste sorgfältig mit einem Tuch ab

5

Jetzt kann lackiert werden. Als Schutz vor Farbspritzern an der Fassade können Sie eine große Pappe hinter das Rohr schieben

Eventuell kurz vor dem Streichen mit Alkohol abreiben. Ist das Werkstück transportabel und wertvoll, lohnt es sich, den Rost durch Sandstrahlen entfernen zu lassen. Eine möglichst dicke mehrschichtige Grundier- und Lackschicht ist eine gute Barriere gegen Witterungseinflüsse. Übrigens: Reste von Rostschutzmitteln gehören in den Sondermüll.

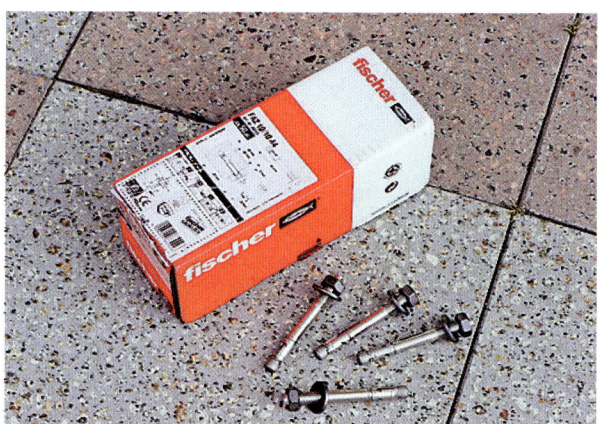

Dübel für Markisen

TIPP **94**

Markisen wiegen je nach Modell zwischen 40 und 80 kg. Allzweckdübel aus Kunststoff sind für solche Gewichte ungeeignet. Stattdessen kommen Injektionsmörtel-Systeme oder Ankerbolzen zum Einsatz. Im Bild oben handelt es sich um einen Ankerbolzen FAZ 10/10 A4 aus Edelstahl. Ein solcher Bolzen hält bis zu 357 kg. Er trägt eine Markise also problemlos.

Regenrinne abdichten

Das praktische und elastische Silikonmittel, das sich Universal-Abdicht-Reparatur nennt, haftet laut Hersteller auf Dachziegeln, Mauerwerk, Beton, unbehandeltem Holz, Glas, Fliesen, PU-Schaum und Styropor. Der Untergrund darf sogar feucht sein. Hier wurde es auf zwei Untergründen ausprobiert: Zum einen wurde eine undichte Fuge an einer Zinkdachrinne verschlossen, zum anderen eine besandete Bitumendachpappe auf einem Flachdach abgedichtet. Nach mehreren Monaten wurde der Zustand geprüft – beide Reparaturen hielten noch absolut dicht.

So funktioniert der Auftrag:
1 Schmutz, Rost oder unerwünschte Unebenheiten entfernen.
2 Eine schmale, undichte Stelle an der Dachrinne lässt sich am besten schließen, wenn das Abdichtmittel in Kartuschenform verwendet wird.
3 Für größere Flächen, die abgedichtet werden sollen, z. B. auf einem Flachdach, entscheidet man sich besser für einen 4- oder 8-Liter-Eimer. Der Auftrag erfolgt dann mit einer Rolle.

Grundkurs Holzzaun montieren

Wenn Sie vorgefertigte Zaunelemente im Baumarkt kaufen, ist der Aufbau in wenigen Stunden geschafft.

Aufstellen der Zaunelemente

1 Zunächst den Staketenzaun probeweise auslegen: Dann sehen Sie, wie Zaunelemente, Pfosten und Tor zusammenpassen

2 Zum exakten Ausrichten eine Richtschnur spannen. Dafür am Anfang und Ende je einen Pflock einschlagen

3 Als Führung für den Bolzeneinbohranker wurde hier mit einem 60 cm langen Bohrer vorgebohrt

4 Den Einbohranker nun mithilfe eines passenden Hebels – hier wird ein Kuhfuß benutzt – in die Erde eindrehen

Aufstellen der Zaunelemente

5 Das Befestigungsmaterial für die Pfosten: verzinkte Bodeneinbohranker und passende Schrauben

6 Die allseitig glatt gehobelten Pfosten sind unten bereits mit einer senkrechten Bohrung für die Schrauben ...

7 ... versehen. Hier das Anschrauben der verzinkten Zaunhalter. Sie sitzen auf Höhe der Querlatten

8 Stehen die Pfosten genau senkrecht (Wasserwaage), lassen sich die Zaunelemente einsetzen. Kanthölzer ...

9 ... dienen als provisorische Stützen, die nach dem Fixieren wieder entfernt werden. Jedes Element ...

10 ... wird rechts und links mit je zwei Haltern befestigt. Wer will, schützt die Pfosten oben mit passenden Kappen

Zäune sollen nicht nur das Grundstück einfrieden und sichern, sie bieten im Idealfall auch einen hübschen Anblick. Material und Farbe wählt man passend zum Haus und zur Gartengestaltung. Beim hier gezeigten Beispiel entschied man sich für einen hochwertigen, formschönen Staketenzaun aus besonders langlebigem Douglasien-Holz. Sanfte Bögen bilden den oberen Abschluss von Zaunelementen und Gartentor und ergeben zusammen ein interessantes, ausgewogenes Bild. Die 180 cm breiten und 90 cm hohen Elemente sind wie das 90 cm breite Tor und die Pfosten bereits werkseits zweimal lasiert. So können die Elemente ohne zusätzliche Pflegeanstriche sofort verbaut werden – eine enorme Zeitersparnis. Wer nüchternere Formen liebt, kann die Zaunelemente auch gerade, ohne Bogen, bekommen. Allerdings sind beide Produkte nur in einer einzigen Länge (180 cm) zu haben, sodass sie unter Umständen den örtlichen Gegebenheiten angepasst werden müssen. Anstelle des 90 cm breiten Einzeltors lässt sich auch ein 300 cm breites Doppeltor einbauen. In diesem Fall statt der 90-x-90-mm-Pfosten 120 x 120 mm starke einsetzen. Wichtig ist konstruktiver Holzschutz: Weder die Zaunelemente noch die Holzpfosten dürfen direkten Erdkontakt haben. Benutzen Sie deshalb je nach Bodenbeschaffenheit Boden- bzw. Pfostenanker (im Kasten rechts Zeichnungen 1 bis 3) oder Bodenhülsen (Abbildungen 4 und 5). Grundsätzlich nur verzinkte Beschläge und nicht rostende Befestigungsmaterialien verwenden.

Montage des Gartentors

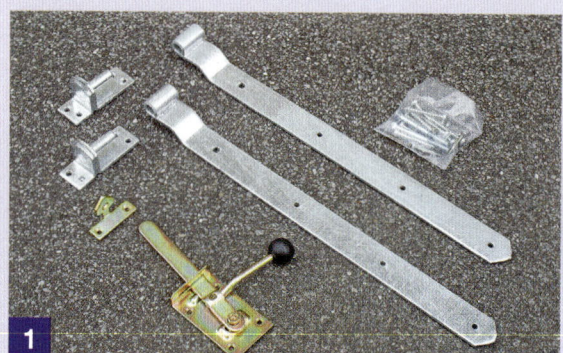

1 Die Beschläge für das Z-Rahmentor aus verzinktem Stahl sowie die Torfalle (unten links im Bild)

2 Das Schraubsystem des Torbeschlags ermöglicht jederzeit ein Nachjustieren (auch nach Jahren noch)

3 Um das Tor in der Waage zu halten, wird es zunächst provisorisch mit einem kräftigen Kantholz abgestützt

4 Das Befestigen der Scharniere am Pfosten: Position markieren, vorbohren und dann verschrauben

5 Die Montage der Torfalle: Es empfiehlt sich, zuerst den rechten Teil zu fixieren und den linken anzupassen

6 Das fertig montierte Tor von der Rückseite. Gut zu erkennen: der stabile, Z-förmige Rahmen und die Beschläge

Wetterschutz für Pfosten

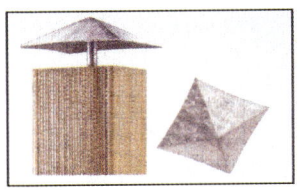

Wetterbeständige Kappen und Kugeln für Zaunpfosten sehen dekorativ aus und schützen die empfindliche Hirnholzfläche. Rissbildung wird vermieden, und durch die umlaufende Tropfkante kann Regenwasser ablaufen. Neben einfachen verzinkten Pfostenkappen bieten Hersteller farbig beschichtete sowie Ausführungen in Edelstahl an. Pfostenkugeln aus Kupfer oder ver-

zinkte Produkte sind ebenfalls zu haben. Die Pfosten sind bereits mit einer Bohrung zur Aufnahme versehen.

Bodenanker im Überblick

Zum Befestigen der Pfosten gibt es verschiedene Möglichkeiten:

1 Standfuß zum Aufdübeln auf Pflasterböden oder Mauersockel.
2 Betonanker in U-Form zum Einbetonieren, für Zaunhöhen bis 120 cm.
3 Betonanker in H-Form zum Einbetonieren, für alle Zaunhöhen.
4 Bodenhülse zum Einschlagen ins Erdreich; in festem Boden für Zaunhöhen bis 200 cm.
5 Universal-Bodenhülse mit verstellbarem Topf; kann individuell ausgerichtet werden.

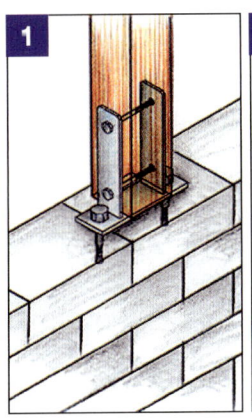
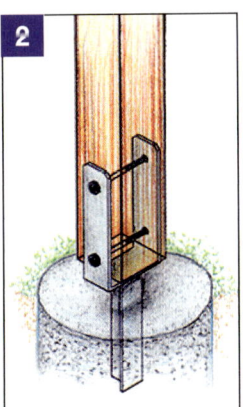

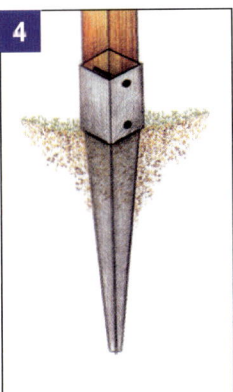
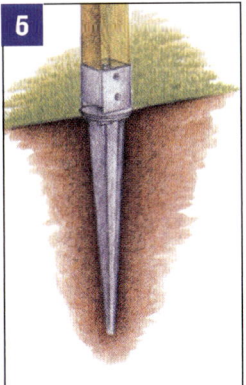

Grundkurs Sichtschutzelemente aufstellen

TIPP 99

Mit Sichtschutzelementen aus dem Systembaukasten schirmen Sie Ihren privaten Bereich schnell und wirksam ab.

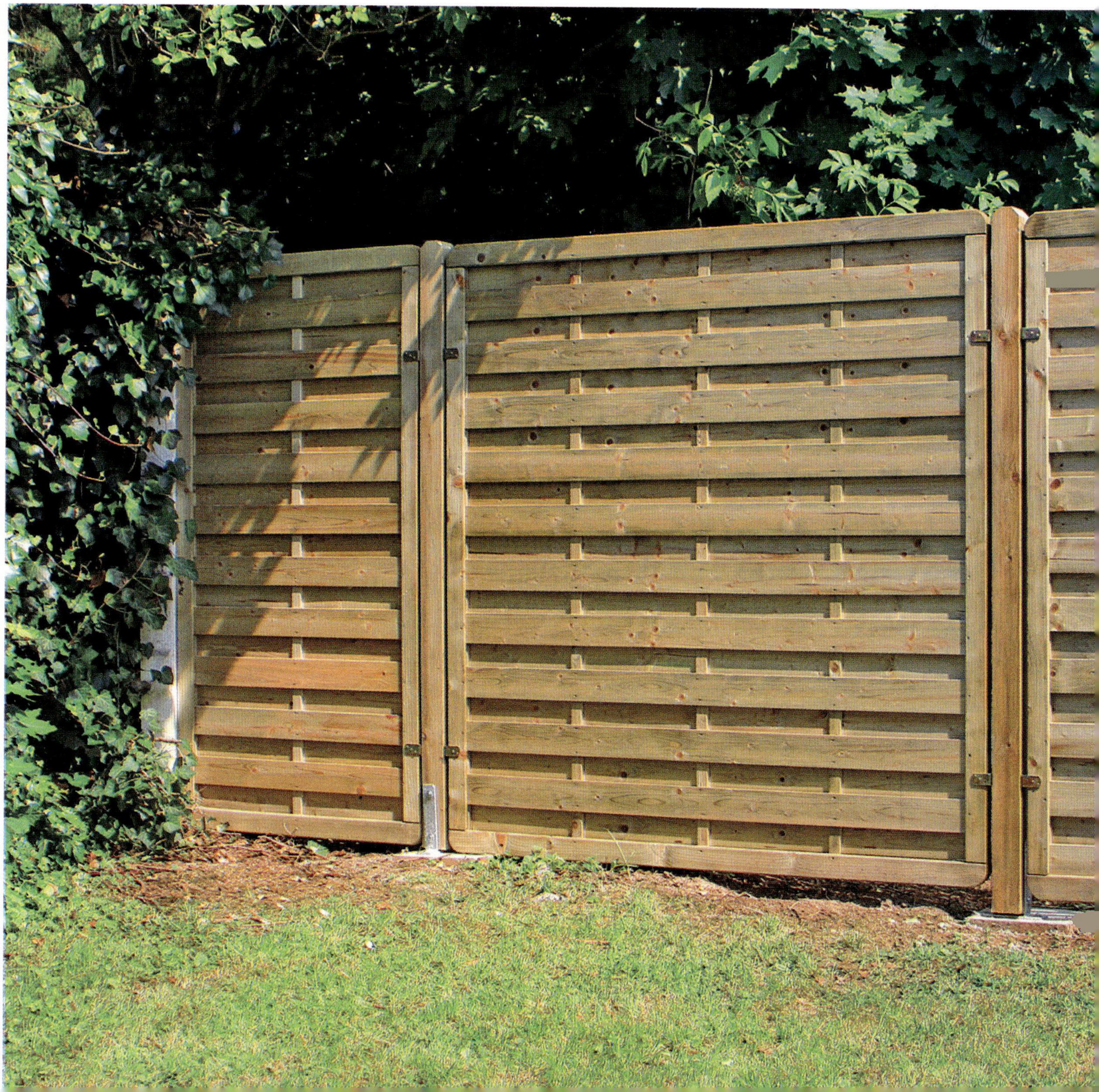

Montage der Dichtzaunelemente

1 Das erste Element wird provisorisch aufgestellt, sodass sich die Position der erforderlichen Pfosten ergibt

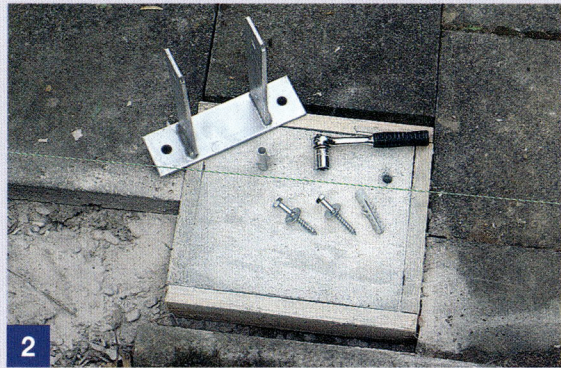

2 Auf dem Fundament wird die Position des Standfußes markiert. Löcher bohren und dann fest andübeln

3 Beim Ablängen (mit der Hand- oder Elektrosäge) werden die Zaunpfosten mit Zwingen auf Böcken fixiert

4 Zum Ausrichten des Pfostens eine Wasserwaage anlegen und ihn dann provisorisch fixieren

Wer effektiven Sichtschutz will, findet mit einem solchen Dichtzaun eine optimale Lösung. Mit ein paar Handgriffen lassen sich die Elemente aus dem Baumarkt selbst von weniger versierten Do-it-yourselfern problemlos aufbauen, und relativ preiswert ist er obendrein. Sie bestehen aus kesseldruckimprägniertem Holz und sind 100 bzw. 180 cm breit und 150 bzw. 180 cm hoch. Stabil verzapfte Rahmenverbindungen sowie eine Ausfräsung, durch die das Wasser ablaufen kann, sorgen für Haltbarkeit (konstruktiver Holzschutz). Die Rahmen (40 x 70 mm) und die Lamellen (7 x 93 mm) sind glatt gehobelt und mit Edelstahlschrauben versehen.

Verschiedene Elemente erhältlich

Außer den geraden Elementen sind solche mit Bogenabschluss zu haben, dazu Diagonaldichtzäune und Rankgitter. Ebenso Einzel- und Doppeltore. Da ein passendes

Montage der Dichtzaunelemente

5 Die Löcher für die Befestigungsschrauben vorbohren und dann die vier Schrauben eindrehen, die den Pfosten halten

6 Die Dichtzaunelemente werden oben und unten mit Zaunhaltern fixiert. Einheitliche Höhen festlegen und markieren

7 Bei der Montage werden die Elemente auf Klötzchen gestellt und dann verschraubt

8 Das letzte Zaunelement wird hier auf einer Seite an einer Mauer verschraubt

Tor mit geradem Abschluss nicht zum Programm gehört, muss man es sich selbst bauen, was aber nicht schwierig ist. Mit wenig Aufwand wird es aus einem 100 cm breiten Element hergestellt, das problemlos mit einem speziellen Türbeschlag für Sichtschutzelemente versehen werden kann. Ein Rahmentor in den entsprechenden Abmessungen ist wesentlich teurer. Die meiste Arbeit macht bei der Montage das Setzen der Pfosten. Der lichte Abstand sollte der jeweiligen Elementbreite plus 2 cm entsprechen. Wenn alle Pfosten stehen, versieht man sie auf jeder Seite mit zwei Zaunhaltern. Daran werden anschließend die jeweiligen Dichtzaunelemente verschraubt. Wo kein Element aus dem System passt, muss man eins zuschneiden. Dazu Rahmen und Lamellen mit der Stichsäge anpassen und den Rahmen neu verschrauben.

Türmontage

1 Aus einem schmalen Element wurde hier eine Tür gefertigt. Zum Anschlagen am Haus einen Pfosten an die Wand dübeln

2 Ist der Anschlagpfosten angebracht, schraubt man Scharniere an das Türelement und befestigt diese wiederum am Pfosten

3 Hier sehen Sie die Türbeschläge mit passendem Befestigungsmaterial. Die Position am Rahmen des Elements anreißen

4 Damit das Bohrloch für den Türbeschlag auf der anderen Seite nicht ausreißt, eine Zulage verwenden

5 Den Türgriff durchschieben und den Riegel aufschieben. Dann das Gegenstück aufsetzen und die Madenschraube festziehen

6 Die Arretierung für den Türriegel so positionieren, dass er exakt waagerecht sitzt: anzeichnen, vorbohren und verschrauben

Holzschutz für Gartenhölzer

Holz ist ein organischer Stoff, der im Freien einen guten Wetterschutz braucht, will man lange Freude daran haben.

Holz, das im Freien verbaut wurde, ist ständig der Witterung ausgesetzt. Regen, Schnee, Hitze, Kälte und Licht strapazieren den Naturbaustoff. Gerade die kurzwelligen Anteile im Sonnenlicht (ultraviolette Strahlung) zersetzen den holzeigenen Klebstoff Lignin.

Selbst für unbehandeltes Material ist Nässe unmittelbar kein Problem, wenn das Holz nach einem Schauer sofort wieder abtrock-

nen kann. Doch als organisches Material ist Holz nicht unbegrenzt haltbar.

Ein Befall durch pflanzliche oder tierische Organismen zerstört langfristig jedes Holz:

- UV-Licht zersetzt den Holzkleber Lignin, Holz vergraut und versprödet.
- Staunässe schadet dem Holz, es fault.
- Der Bläuepilz (erkennbar an bläulichen Flecken) befällt meist Nadelhölzer. Das Pilzmyzel dringt in die Zellzwischenräume ein, zieht Wasser ins Innere des Holzes und sprengt die Fasern auf.

- Andere Pilze (Porlinge, Schwämme) zersetzen das Holz aktiv, Fäulnispilze ernähren sich sogar von Holzfasern.
- Die Larven von Hausbock und Nagekäfer fressen sich durch das Holz.
  Folgen des Schädlingsbefalls:
- Verfärbungen mindern die optische Qualität Ihrer Holzbauteile.
- Versprödete Hölzer bergen eine erhöhte Verletzungsgefahr (Splitter).
- Faule oder morsche Balken und Stützen verlieren an Tragkraft.

Grundieren ist wichtig

Grundieren ist bei unbehandelten Hölzern im Garten Pflicht: Die Wirkstoffe der Grundierung dringen tief ins Holz ein und verhindern das Wachsen von Bläuepilzen. Zugleich haftet der Deckanstrich besser: Dünnschichtlasuren bewahren die natürliche Holzstruktur, Dickschichtlasuren bilden einen glatten, geschlossenen, aber transparenten Film. Pigmentierte Lacke verdecken die Holzmaserung völlig.

Gute Ergebnisse beim vorbeugenden Schutz Ihrer Gartenhölzer erzielen Sie so:

- Folie auslegen, Oberfläche säubern
- Vorschliff, Schleifstaub entfernen
- Grundieren oder Voranstrich
- Zwischenschliff
- Endanstrich (z. T. mehrmalig)

▶TIPP

Konstruktiver Holzschutz

Bauen Sie Holzkonstruktionen (ob Blumenkasten, Pergola, Carport oder Fassade) am besten so, dass das Holz der Nässe nicht dauerhaft ausgesetzt ist (siehe Tabelle unten). Allen Lösungen liegen folgende Prinzipien zugrunde:

- **Niederschlag vom Bauteil fernhalten**
- **Wasser über Tropfkanten abführen**
- **Stirnholzflächen versiegeln/abdecken**
- **Bauteile ausreichend hinterlüften**
- **Erdberührende Bauteile nicht aus Holz bauen oder mit Holz verkleiden.**

Dachüberstand		Pfostenfuß		Pfostenkopf		Schalungsabschluss	
Gut	Schlecht	Gut	Schlecht	Gut	Schlecht	Gut	Schlecht
Ein weiter Dachüberstand schützt den Großteil der Fassade vor Regen und Sonnenlicht	Knappe Vorsprünge halten kaum Niederschlag und Sonne von der Hauswand fern	Pfostenschuhe schützen Holzbauteile vor dauerhaft feuchtem Erdkontakt	Pfosten, die in den Boden gerammt oder einbetoniert werden, faulen in der Erde	Von angeschrägten und abgedeckten Pfostenköpfen läuft Regen sicher ab. Ideal: Kappen aus Metall	Auf ungeschützten Pfosten bleibt Regenwasser stehen und zieht tief ins Stirnholz ein	Verlegung von unten nach oben: Regenwasser tropft von Paneel zu Paneel sauber ab	Wird von oben nach unten verschalt, staut sich Nässe in den Nuten bis weit über den Schauer hinaus